BABA WANGA

Daniela Mattes

BABA WANGA

Auf den Spuren der blinden Prophetin

Bibliografische Information der Deutschen Nationalbibliothek:
Die Deutsche Nationalbibliothek verzeichnet diese Publikation in
der Deutschen Nationalbibliografie; detaillierte bibliografische
Daten sind im Internet über http://dnb.dnb.de abrufbar.

TWENTYSIX – Der Self-Publishing-Verlag
Eine Kooperation zwischen der Verlagsgruppe Random House und
BoD – Books on Demand

© 2018 Daniela Mattes (Printausgabe des E-Books von 2016, das im
Ancient Mail Verlag erschienen und noch erhältlich ist)

Herstellung und Verlag:
BoD – Books on Demand, Norderstedt

ISBN: 9783740752675

Inhalt

Vorwort und Danksagung in einem ...

Wie es zu diesem Buch kam

Die „blinde Prophetin" Baba Wanga ist in ihrer Heimat längst eine Kultfigur, die sogar nach ihrem Tod im Jahr 1996 mit einem Staatsbegräbnis geehrt wurde. Leider sind die meisten Unterlagen und Dokumente sowie Videos über sie nur in ihrer Muttersprache erhältlich.

Doch die Dame war im Dezember 2015 plötzlich wieder in aller Munde. Was war geschehen? Der weltweite Kampf gegen den Terror und die IS sowie die Feindseligkeiten gegen die Moslems köchelten immer höher und die Zeitungen griffen alte Vorhersagen von Baba Wanga auf und wiesen darauf hin, dass sie bereits vor vielen Jahren einen großen Krieg gegen die Moslems für das Jahr 2016 vorhergesehen hat. Außerdem war die Rede von einem Kalifat, das 2043 in Rom entstehen wird. Gründe genug, die Ängste der Menschen zu schüren und sich mit dem Thema zu beschäftigen.

Immer mehr Menschen interessierten sich für die Vorhersagen und welche davon bislang eingetroffen waren und welche noch kommen sollten. Es wird sogar noch reichlich futuristisch, wenn über die Ansiedlung der Menschen auf fremden Planeten und von Begegnungen mit Gott die Rede ist. Sogar das Datum für das Ende der Menschheit steht fest – sowohl auf der Erde als auch insgesamt, also eigentlich zwei Daten.

Baba Wanga soll eine Trefferquote von 80% gehabt haben. Wie bei allen Prophezeiungen ist meist das genaue Datum des Eintreffens ein Problem, da die Hellseher Bilder empfangen und die Ereignisse zeitlich nicht ganz genau einordnen können.

Der Fehler liegt dann aber nicht darin, dass sie keine „richtigen" Hellseher sind, sondern an dem Interpretationsspielraum. Ein weiteres Problem bei Vorhersagen ist auch, dass man zukünftige Dinge, die man sieht, noch gar nicht kennt und daher keinen

Eigennamen nennen kann, man muss dann auf Umschreibungen ausweichen. Wie wenn ein Indiostamm ein Flugzeug als „Donnervogel" bezeichnet.

Es gibt auch Skeptiker, die grundsätzlich Vorhersagen als Humbug ablehnen oder eine 100% wissenschaftlich verbürgte Trefferquote verlangen. Das ist nicht möglich. Es gibt keine 100%-Trefferquote bei gar nichts. Auch industrielle Fertigungen streben zwar 0 ppm an, aber diese sind trotz bester Kameraüberprüfung dennoch nicht einzuhalten.

Wie also kann man von einem Wahrsager verlangen, dass 100% stimmen müssen, weil er ansonsten gleich als Versager, Lügner oder Betrüger gilt? Es gibt hier nicht nur schwarz oder weiß. Ein Mathematiker, der sich verrechnet, ist ja auch nicht sofort deswegen kein Mathematiker oder ein Betrüger, wenn Sie verstehen, was ich meine ...

Ist also Baba Wanga keine „richtige" Hellseherin, weil sie nur eine Trefferquote von 80 statt 100% hatte? Oder hat man tatsächlich, wie auch behauptet wird, nachträglich einige Vorhersagen gefälscht, passend gemacht oder uminterpretiert, damit es aussieht, als hätte sie alles gesehen? Nun, das werden wir natürlich in den nächsten Jahren sehen, denn schon für 2016 steht ja der große Krieg bevor. Wäre zu wünschen, dass sich die Dame irrt ...

Aufgrund der vielen schlimmen Vorhersagen, die durchs Internet geisterten und noch immer unterwegs sind, habe ich beschlossen, mich dieses Themas anzunehmen und weiter nachzuforschen. Da ich aber weder russisch noch bulgarisch spreche, war es mir nicht möglich, die entsprechenden Webseiten überhaupt zu suchen (kyrillische Schrift!) geschweige denn zu lesen oder zu übersetzen.

Daher habe ich mir zunächst das einzige deutschsprachige Buch über sie, das ich finden konnte, bestellt. „*WANGA. Das Phänomen. Die Seherin von Petritsch*". Es wurde von ihrer

Nichte **Krasimira Stojanowa** geschrieben, die 30 Jahre bei Baba Wanga gelebt hat. Im Buch hat sie viele eigene Berichte sowie Zeugenberichte gesammelt und niedergeschrieben. In ihrer Heimat hat sie noch viel mehr Material veröffentlicht und auch im Fernsehen über Baba Wanga berichtet.

Anschließend habe ich mich intensiv im Netz belesen und zusätzlich noch zwei Kollegen zurate gezogen, die mich unterstützt haben:

Mein Autorenkollege **Alexander Popoff**, der des Russischen mächtig ist, hat mir bei der Recherche geholfen und das Internet nach Berichten abgesucht, um mir dann die notwendigen Informationen zukommen zu lassen. Großzügigerweise hat er mir auch gleich Teile aus seinem aktuellen Buch „*The Fermi Paradox: They are here and control us*" (ISBN 978-1514392768 Create Space) überlassen, in dem er sich mit übersinnlichen und außerirdischen Phänomenen sowie Vorhersagen beschäftigt, damit ich weitere Hintergründe dort entnehmen kann.

Außerdem konnte er mir den Augenzeugenbericht einer befreundeten Familie mitteilen, die bei Baba Wanga war und sich eine Vorhersage hat machen lassen. Auch ihm gebührt natürlich mein Dank für die wunderbare, schnelle und unkomplizierte Hilfe.

Da auch Gerüchte umgingen, dass sich sogar Hitler bei Baba Wanga Vorhersagen hat machen lassen, habe ich mich zudem noch an meinen Autorenkollegen **Abel Basti** gewandt, der für sein Buch „Hitler überlebte in Argentinien" (ISBN 978-3938656204, Amadeus Verlag) jahrelang jedes Wort und Bild, das es über Hitler gab, recherchiert hat. Auch von ihm habe ich umgehend Unterstützung erhalten.

Aufgrund dieser Unterstützung und der umfangreichen Presseberichte, die natürlich keine so direkte Quelle darstellen, wie die eigene Familie der Wanga, ist es nun möglich, viele richtige und falsche Informationen zu sammeln, präsentieren und bewerten. Vielleicht können wir dann klären, wie gut Baba Wanga war und welche Vorhersagen wir noch erwarten dürfen.

Baba Wanga, die bulgarische Prophetin.
Foto: Пакко, CC BY-SA 3.0
Quelle: https://commons.wikimedia.org/wiki/File:Vanga.jpg

TEIL 1: Kurze Biografie von Wanga

1. Zur Person

Baba Wanga oder auch Baba Vanga („Großmutter Vanga") hieß mit bürgerlichem Namen **Ewangelia Pandewa Guschterowa**, geb. Dimitrowa und wurde am 31. Januar 1911 in Ostromdscha (im heutigen Strumica in Mazedonien) geboren. Sie ist am 11. August 1996 in Sofia gestorben.

Sie hat hauptsächlich in der Stadt Rupite gewirkt, einem kleinen Dorf in der Gemeinde Petritsch (daher der Name „Die Seherin von Petritsch") im heutigen südwestlichen Bulgarien.

In Rupite befinden sich eine Thermal- und Heilquelle sowie eine Kirche („Die Kirche der Heiligen Petka"), die 1994 der Berühmtheit des Ortes, Baba Wanga, geweiht wurde. Rupite ist noch immer das Ziel vieler Pilger.

Baba Wanga war in ihrer Heimat eine große Berühmtheit, nicht nur als Seherin und Prophetin, sondern auch als Heilerin, die Menschen mit vielerlei seltsamen Medikamenten und Hausmittelchen helfen konnte. Besonders beliebt war sie in Bulgarien, Jugoslawien und der ehemaligen Sowjetunion.

*Abb. 1: Obwohl er nicht sehr hoch ist,
erhebt sich der Berg Kozhuh dominierend über die Umgebung*

Petritsch ist historisch bedeutend, da es sich bis auf die Thraker zurückverfolgen lässt. Die gebirgige Umgebung in der Nähe der griechischen Grenze wurde von den Maedern bewohnt und dort ist auch die Felsenstadt Petra zu finden, die einigen Lesern

bekannt sein dürfte. Nach der Zeit der Thraker folgte die Über-
nahme durch die Slawen, bevor es zur Herrschaft durch die Os-
manen kam. Erst nach 500 Jahren wurde das Gebiet wieder bulgarisch, bevor es kurz erneut unter türkischer Herrschaft stand. Erst
seit 1912 ist Ruhe eingekehrt. Während des Zweiten Weltkriegs
waren deutsche Truppen dort stationiert, in neuerer Zeit ist die
Stadt ein wichtiger Handelsort.

Die historische Stadt hat viel Krieg erlebt und Baba Wanga hatte die Begabung, auch weitere Vorfälle dieser Art genau vorherzusagen und die Menschen davor zu warnen, damit sie sich in Sicherheit bringen konnten. Dazu später mehr, wenn es um einige
Beispiele der Vorhersagen geht.

Wanga zog nach ihrer Heirat 1942 zunächst von Strumica nach
Petritsch, wo sie erst 1962 nach dem Tod ihres Mannes (er starb an
Leberzirrhose) wieder auszog, um in Rupite zu leben, wo ihrer
Fähigkeiten von staatlicher Seite her geprüft wurden (siehe
Unterabschnitt 5).

Abb. 2: Wangas Wohnhaus in Petritsch

2. Heim und Umfeld

Abb. 3: Straßenszene in Strumica, Ende des 19. Jahrhunderts

Die kleine Wangelina („Engel") wurde als kränkliches Baby zweier armer Bauersleute in Ostromdscha (heute: Strumitza) geboren und hatte Glück, dass sie überhaupt überlebt hat. Als sie drei Jahre alt war, starb die Mutter, der Vater heiratete erneut und auch die Stiefmutter starb bei der Geburt des vierten Kindes (nachdem sie zwei Jungen und ein Mädchen zur Welt gebracht hat).

Die kleine Prophetin war nicht von Geburt an blind, aber ihre Nichte Krasimira Stojanowa berichtet in ihrem Buch, dass Wanga bereits als Siebenjährige „spielte" blind zu sein. Außerdem liebte sie Doktorspiele. Beides möglicherweise ein frühes Omen für das, was noch kommen sollte: einerseits blind, andererseits mit der Gabe gesegnet, anderen Menschen die Zukunft vorherzusagen und sie zu heilen.

Als Wanga 12 Jahre alt war, verarmte der Vater und sie wurde zu ihrem Onkel nach Nowo Selo (Novo Selo) geschickt, der sehr reich war und viele Schafe besaß, mit denen sie ihm helfen konnte. Dort nahm das Schicksal seinen Lauf. (Novo Selo liegt lt. Google maps ca. 21 km von Strumica entfernt).

3. Ihre Erblindung

Abb. 4: Blick auf die Kleinstadt Novo Selo (Opština Novo Selo) in Mazedonien

In Novo Selo wurde sie auf dem Nachhauseweg von einem schlimmen Sturm erfasst und von der Windhose auf ein Feld geschleudert, wo man sie später unter Steinen und Dreck fand – mit völlig verklebten Augen. Es gelang niemandem aus der Familie, die Augen zu spülen oder zu heilen. Sie bluteten, färbten sich dann über Nacht weiß. Wanga war blind. Mehrere OPs brachten keinen dauerhaften Erfolg, sie konnte nur schattenhaft sehen und wurde schließlich endgültig blind, woraufhin man sie 1925 in Semun in einer Blindenschule unterrichtete. Als die Stiefmutter starb, musste sie aus der Schule nach Hause kommen und sich trotz ihrer Blindheit um ihre drei Geschwister kümmern, während der Vater als Schafhirte sein Geld verdiente. Später unterstützten ihn ihre Brüder und Wanga blieb mit ihrer kleinen Schwester Ljubka allein zu Hause.

Um zu überleben, stickten und webten sie für ihre Nachbarn im Austausch gegen Nahrung. Wanga betete zu Gott, dass er ihr helfen möge ... und er half ihr auf seine eigene Weise. Denn kurz darauf hatte Wanga ihre ersten vorhersehenden Träume und Visionen, die zunächst ihre Familie verwunderten, aber noch nicht allzu sehr für Aufregung sorgten. Ein vorhergesehener Besuch, das Auffinden eines verlorenen Schafes, es waren zunächst Kleinigkeiten.

4. Erste berühmte Visionen

1940 sah Wanga zum ersten Mal in Begleitung ihrer Schwester einen Reiter an der Quelle, an der sie immer Wasser holten. Sie unterhielt sich mit ihm, während Ljubka allerdings weder etwas sehen noch hören konnte, sie bemerkte nur, dass Wanga seltsam abwesend war.

Diese merkwürdigen Erlebnisse häuften sich und Anfang 1940 machte Wanga ihre Vision, die sie als „Traum" ausgab, öffentlich. Sie erzählte ihren Nachbarn, dass am 6. April deutsche Soldaten einmarschieren würden.

Die Leute glaubten ihr kein Wort. Man ahnte aber bereits, dass es Krieg geben würde und die Leute deckten sich mit Lebensmitteln ein, doch Wanga sagte den Beginn des Krieges Anfang 1941 erneut voraus. Angeblich war ihr wieder ein blonder Reiter auf einem weißen Pferd erschienen, den keiner sonst sehen konnte.

Und der Reiter hatte ihr prophezeit, dass viele Menschen sterben oder sich verlieren würden und sie würde vor Ort den Lebenden und den Toten weissagen und er würde ihr beistehen ... Und bereits eine Woche später, am 6. April 1941 nahmen die deutschen

Soldaten Strumiza ein und ihre erste Prophezeiung hatte sich tag-genau erfüllt.

Die Menschen im Dorf versteckten sich vor den Soldaten, und als sie nach zwei Tagen wieder kamen, um nach Wanga und ihrer Schwester zu sehen, die im Haus geblieben waren, war Wanga verändert. Sie wirkte entrückt und sprach mit tiefer Stimme zu den Menschen.

Zielsicher zählte sie auf, wer lebend aus dem Krieg zurück-kommen würde und wer nicht. Sie konnte in ihrer „Trance" die Schlachten detailliert beschreiben und damit die Menschen in Angst und Schrecken versetzen.

Abb. 5: Propagandameldung der deutschen Wehrmacht über den erfolgten Angriff der Luftwaffe auf Belgrad vom 6. April 1941. Der Adler No. 9, 29. April 1941

Die Zuhörer hatten nach der Rückkehr der Überlebenden dann die Möglichkeit, die Aussagen von Baba Wanga mit deren Erzählungen abzugleichen und es stellte sich heraus, dass alles zutreffend gewesen war.

1942 konnte sie genauso zutreffend auch vorhersehen, dass ein Soldat, der sie wegen einer Auskunft besucht hatte, zurückkehren und sie heiraten würde. Auch das traf ein. Ihr Ehemann Dimiter Guschterow kam ein Jahr nach dem ersten Besuch zu Wanga zurück und hielt um ihre Hand an.

Nach ihren ersten großen „Erfolgen", sprachen sich ihre Fähigkeiten langsam herum und es blieb nicht aus, dass auch berühmte Menschen sie aufsuchten. Während ihrer gesamten Tätigkeit zog es Prominente, die wir hier im Westen gar nicht alle kennen, zu ihr.

Sie konnte nicht nur treffende Vorhersagen über vermisste Personen und zukünftige Ereignisse erteilen, sondern auch viele Erfolge bei der Heilung vermeintlich unheilbarer Krankheiten vorweisen. Dies erreichte sie mit seltsamen Rezepten und „Hausmittelchen". Doch davon später mehr.

Ein berühmter Vorhersageerfolg, der sich kurz nach den beiden anderen erwähnten Prophezeiungen ereignete, fand im April 1942 statt, als Wangas Großmutter Tina mit einem berühmten Mann eintrat, dem sie eindringlich nahelegte: „... *Und gib Acht, dass du dieses Datum nicht vergisst: 28. August!*"

Bei dem berühmten Mann handelte es sich um den bulgarischen Zaren **Boris III**, der ein Jahr nach der Vorhersage am 28. August 1943 verstarb.

Boris wurde am 30.01.1894 in Sofia geboren und war ein Zar aus dem Hause Sachsen-Coburg und Gotha. Er verbündete sich 1941 mit den Achsenmächten im Krieg gegen Griechenland und Jugoslawien, weigerte sich aber 1943 die Deportation von 48.000 bulgarischen Juden ins KZ Auschwitz zuzulassen.

Abb. 6: Zar Boris III.

Das passte Hitler natürlich überhaupt nicht. Und noch wütender wurde er, als Boris sich außerdem weigerte, den Krieg gegen die Sowjetunion zu erklären, wovon sich Hitler versprach, die drohende Kriegsniederlage noch abwenden zu können.

Im August 1943 bestellte Hitler daher den Zaren nach Berlin, doch er konnte ihn nicht umstimmen, denn Boris wollte nicht gegen die Russen kämpfen, die Bulgarien aus der 500 Jahre andauernden türkischen Herrschaft befreit hatten.

Nach seiner Rückkehr nach Bulgarien starb Boris bei einer Wanderung im Rila-Gebirge plötzlich und unerwartet. Es wurde vermutet, dass der Grund ein Herzversagen war, doch der Polizeibericht schloss damals nicht aus, dass man den Zaren vorsätzlich vergiftet hatte. Er starb am 28. August 1943, genau wie Wanga es vorhergesehen hatte.

Abb. 7: Blick auf das Rila-Kloster vom Goljam Mramorec (2602 m),
in dem Boris beigesetzt wurde.

Auf weitere Vorhersagen, die sich bewahrheitet haben oder noch bewiesen werden müssen, werde ich später eingehen.

Was im Zusammenhang mit dem Besuch berühmter Personen noch interessant ist, ist auch die Tatsache, dass im Nachhinein vielfach behauptet wird, dass Personen wie Hitler, Stalin, Jacky Kennedy und andere auch bei uns bekannte Prominente die Dienste der Wanga in Anspruch genommen hätten.

Vielfach gibt es dafür keine Belege. Man muss deswegen deren Besuch vielleicht nicht ausschließen, denn es ist davon auszugehen, dass ein solcher Besuch von der Weltpresse zerpflückt worden wäre und daher natürlich tunlichst in höchster Heimlichkeit abgelaufen sein musste. Wer könnte es diesen Promis auch verdenken?

5. Staatliche Einmischung

„Im Kommunismus wurde der Glaube an Esoterik in Bulgarien offiziell verboten, doch das Regime hat Vanga oft für Ziele der Partei instrumentalisiert. Die Menschen, die sie besuchen durften, wurden von den Parteifunktionären und von der Staatssicherheit gründlich überprüft und ausgesucht."

(Todor Ovtcharov, http://fm4.orf.at/stories/1765426/)

Nachdem Wanga zunächst nur für ihre Nachbarn und Freunde, dann auch für Prominente ihre Dienste angeboten hatte, wurde auch das Regime auf sie aufmerksam. Wie Todor Ovtcharov bereits in seinem Bericht anmerkte, waren Dinge, die mit Esoterik zu tun hatten, nicht nur nicht gerne gesehen, sondern sogar verboten.

Wanga hielt sich selbst eigentlich auch nicht für eine Esoterikerin, sondern war streng gläubig, dennoch stieß ihre Tätigkeit bei den höheren Stellen nicht auf Begeisterung. Sie wurde also überwacht und kontrolliert.

Unter diesem Druck, so berichtet Wikipedia, verkündete sie den Menschen „unkontrollierbare Prophezeiungen", die sich erst wieder besserten, nachdem der Druck nachließ.

Nach dem Tod ihres Mannes und aufgrund ihrer Berühmtheit, zog sie nicht nur die einfachen Bauern aus der Gegend, sondern auch Intellektuelle, Promis und Schriftsteller an, die sich von ihr nicht nur Vorhersagen machen ließen, sondern sich mit ihr sogar anfreundeten.

Die größten Vorteile zog die Parteielite aus Wangas Fähigkeiten, denn sie wurde auf ihre Treffsicherheit untersucht und es wurde gefiltert, wer zu ihr vorgelassen wurde. Dadurch musste man mit sehr langen Wartezeiten rechnen. Die *Bulgarische Akademie der Wissenschaften* richtete ein „Institut für Suggestologie" ein, das ihre Fähigkeiten analysierte und dabei herausfand, dass die Trefferquote bei „nur" 80% lag.

Abgesehen von der Untersuchung verlangte der Staat aber von den Besuchern auch Gebühren für die Prophezeiung, woraus sich eine nette Einnahmequelle ergab. Viele Parteiangehörige zeigten sich in der Öffentlichkeit auch gerne mit der „Seherin von Petritsch".

6. Wangas letzte Tage

Wanga war eine sehr religiöse Frau, die außerdem mehrere Tausend Ehrenpatenschaften für Kinder übernommen hatte. Daraus erwuchs der Wunsch, eine kleine Kapelle oder Kirche zu bauen, in der solche Zeremonien abgehalten werden konnten.

Durch eigene Mittel und extra dafür erhaltene Spenden ließ sie schließlich eine Kirche bauen, die 1994 unter dem Namen „Sweta Petka Balgarska" geweiht wurde. Wie Krasimira Stojanowa in ihrem Buch jedoch hervorhebt, war das Endergebnis überhaupt nicht das, was sich Wanga vorgestellt hatte und sogar die Einheimischen mieden die Kirche, weil sie ihnen nicht gefiel.

Selbst der Klerus erkannte die Kirche nicht an, sodass dort auch keine religiösen Zeremonien abgehalten wurden. Die Kirche zieht heute lediglich Touristen an.

Baba Wanga litt an Brustkrebs, der letztendlich jedoch nicht zu ihrem Tod führte, dafür schritt er zu langsam voran. Sie wurde am 03.08.1996 erschöpft, dehydriert und unterernährt ins Krankenhaus eingeliefert und diese Mangelerscheinungen waren es schließlich, die ihren Tod verursachten.

Sie selbst sah den Tod stets nur als Übergang in eine andere Wirklichkeit an und war deshalb nicht so beunruhigt wie ihre Angehörigen. Viele Menschen jeglicher Religion beteten für ihre Genesung, die leider nicht eintraf.

Abb. 8: Die Kirche Sweta Petka Balgarska in Rupite

Am 10. August ging es ihr schließlich sogar etwas besser und sie bat darum, gewaschen und parfümiert zu werden. Dann berichtete sie ihren Angehörigen von den bereits verstorbenen Verwandten, die sich um ihr Krankenlager herum eingefunden hatten.

Sie war regelrecht aufgeblüht und verkündete dann, dass sie am nächsten Morgen bei ihrem Vater sein würde. Am 11. August um 10:10 Uhr, gerade als man ihr einen Luftröhrenschnitt machen musste, fiel der Strom im Krankenhaus aus – und Wanga starb.

Ihre Aufbahrung am 12. August wurde ein Massenereignis, weil sich unzählige Menschen von ihr verabschieden wollten. Überall waren schwarze Flaggen aufgehängt. Ganz Bulgarien trauerte um seine Heilige.

Abb. 9: Petar Stojanow
(22.01.1997 bis 21. 01.2002
Präsident der Republik Bulgarien)

Bei der Beerdigung am 13. August, die sogar im bulgarischen Fernsehen übertragen wurde, waren etliche hochrangige Politiker aus In- und Ausland sowie die internationale Presse anwesend. Der damalige Präsidentschaftskandidat Peter Stojanow war unter den Gästen.

Wanga hatte ihm im Mai prophezeit, dass er Präsident werden würde und tatsächlich wurde er am 03.11.1996 gewählt. Ein Punkt, den die Presse gerne aufgriff und berichtete.

Wanga wurde daraufhin bei „ihrer Kirche" begraben. Ihr Haus ist seit Mai 2008 ein Museum, das einen großen Besucherstrom anlockt.

TEIL 2: Prominente Besucher, prominente Vorhersagen

Es gibt sehr viele Augenzeugenberichte von berühmten und weniger berühmten Menschen, denen Wanga etwas prophezeit hat. Im Ostblock konnte praktisch jeder Zeitzeuge damals von sich oder einem Verwandten berichten, der die Prophetin zwecks einer Auskunft oder einer Heilung besucht hat.

Viele Anwesende wurden bei der Beerdigung von der Presse zu ihren Erfahrungen mit Wanga befragt und unzählige Berichte darüber veröffentlicht.

Es gibt auf YouTube sogar Videos und Dokumentationen, die leider nicht auf deutsch und im schlimmsten Fall sogar ohne Untertitel eingestellt wurden, sodass wir im deutschen Sprachraum einige Schwierigkeiten haben, wenn wir uns intensiver damit beschäftigen möchten.

Dennoch sind natürlich Vorhersagen, die für Prominente getroffen wurde, immer ein wenig spannender als wenn die Vorhersage für einen ihrer Nachbarn eingetroffen ist.

Leider werden ihr auch viele berühmte Besucher angedichtet, die sie überhaupt nie aufgesucht haben, andere hat sie in ihren Vorhersagen erwähnt, ohne sie persönlich getroffen zu haben. Ein Beispiel haben wir vorhin bereits gesehen, als es um den Zaren Boris III ging.

Wanga war von vielen Sportlern und vor allem von vielen Schriftstellern besucht worden. Auch Schauspieler und Regisseure waren darunter. Ihnen hat sie sogar Vorhersagen bezüglich ihrer Freunde gemacht, darunter Juri Gagarin, der Astronaut und Gandhi.

Hier zunächst eine Auswahl der von Krasimira Stojanowa in ihrem Buch erwähnten prominenten Besucher:

Ewtim Ewtimov (Schriftsteller)
Stefan Gezow (Schauspieler)
Wjatscheslaw Tichonow (Schauspieler)
John Cheever (Schriftsteller)
William Sarojan (Schriftsteller)
John Colombo (Schriftsteller)
Edi Buraui
Sergej Michalkow
Rasul Gamsatov
Ewgeni Ewtuschenko
Aldo de Iaco (Schriftsteller)
Nikolaj Gjaurew (Opernsänger)
Ana Tomowa-Sintewa (Sängerin)
Iljana Paewa (Sportlerin)
Borislaw Velitschkow (Ringer)
Margarita Martinova (Journalistin)
Boris Goschunow (Schlagersänger)
Guna Iwanowa (Folklore-Sängerin)
Christo Bojadschiew (Gewichtheber)
Alexander Towow (Ringer)
Abdel Amir Abdala (Journalist, der in der Zeitung Al-Kifah Al-Arabi über Wanga berichtete)

Sie wurde unterstützt von wichtigen Personen aus der Politik, hervorzuheben zwei Damen:

Galina Breschnewa, Tochter von Leonid Breschnew (von 1964 bis 1982 Parteichef der KPdSU)

Ljudmilla Schiwkowa, Tochter von Todor Schiwkow (von 04.03.1954 – 10.11.1989 Staatschef von Bulgarien und erster Sekretär der Bulgarischen Kommunistischen Partei)

Mit vielen Dichtern und Schriftstellern war sie sogar gut befreundet:

Ljubomir Lewtschew (Dichter und einer der bedeutendsten Gegenwartsschriftsteller Bulgariens, bekannt ist seine Gedichtesammlung „Magnolie – verliebte Worte") Er hielt bei der Trauerfeier in Sofia eine bewegende Rede auf Baba Wanga.

Leonid Maximowitsch Leonow (31. Mai 1899 – 8. August 1994, war ein russischer Schriftsteller und Dramatiker, der über 20 Jahre eng befreundet war mit Baba Wanga. Er erhielt für seinen Roman „Der Russische Wald" 1957 den Leninpreis.

Kommen wir jetzt kurz zu den Vorhersagen, die sie ihren Freunden gegenüber über dritte, prominente Personen machte.

Indira Gandhi

Krasimira Stojanowa berichtet in ihrem Buch auf Seite 119:

Im Sommer 1969 traf Baba Wanga auf den esoterischen Schriftsteller Walentin Sidorow, der seinerseits mit Indira Gandhi befreundet war, und sagte ihm vorher, dass Indira Gandhi bald wieder an die Macht kommen würde. Zum Zeitpunkt der Vorhersage war Indira Gandhi jedoch gerade aus der Haft entlassen worden und zudem ein Mitglied der Opposition. Außerdem sagte Wanga gleich noch voraus, dass sie nicht lange an der Macht bleiben würde, denn die Regierungszeit würde durch ihren Tod rasch beendet werden.

Ergänzend weist sie darauf hin, dass 1979 drei Abgesandte von Indira Gandhi mit einem schönen Sari zu Baba Wanga kamen und sie ihnen gegenüber die Vorhersage wiederholte, dass sie bald die Parlamentswahlen gewinnen würde. *„Bekanntlich starb die Ministerpräsidentin Indiens Indira Gandhi bei einem Kamikaze-Attentat eines Sikh-Terroristen im Jahr 1988."*

Abb. 10: Indira Gandhi (war von 1966 bis 1977 und
von 1980 bis 1984 Premierministerin Indiens.
Sie starb durch ein Attentat.

Indira Gandhi wurde im Mai 1964 Ministerin im Kabinett von Premierminister Lal Bahadur Shastri, zuständig für Informations- und Rundfunkwesen. Im Mai 1965 kam es zu Unruhen und anschließend zum Krieg zwischen Indien und Pakistan.

Während Shastri die Unruhen eher aussitzen wollte, schaltete sich Indira aktiv ein und das gefiel Shastri nicht. Bevor es jedoch zum Eklat kommen konnte, starb Shastri plötzlich und Indira kandidierte als Nachfolgerin. Sie wurde am 18. Januar 1966 zur ersten Fraktionsvorsitzenden der Kongresspartei gewählt und am 24. Januar als Premierministerin vereidigt.

Nach weiteren Unruhen wurde sie Mitte Juni 1975 wegen Missbrauchs eines Staatsbeamten zu Wahlkampfzwecken verurteilt. Sie und andere Politiker wurden unter Hausarrest gestellt. Sie verschob 1976 die notwendigen Wahlen auf 1977, wo sie Morarji Desai unterlag. Damit endete auch der Ausnahmezustand.

Danach versuchte sie, sich mit ihren Feinden und Gegnern zu versöhnen, gründete eine neue Partei, den „Indian National Congress I". Mit dieser neuen Partei gewann sie 1980 die Wahlen.

Am 31. Oktober 1984 wollte die BBC ein Interview mit Indira Gandhi aufzeichnen, das Peter Ustinov mit ihr machen sollte. Während man auf sie wartete, ertönten plötzlich Schüsse – Indira war von ihren Sikh-Leibwächtern Satwant Singh und Beant Singh erschossen worden.

Wenn man allerdings die Vorhersage nach der Beschreibung von Krasimira Staojanowa und dem Ablauf der Ereignisse laut Wikipedia und anderen Quellen vergleicht, so hat sich 1969 Indira Gandhi eigentlich nicht in Haft befunden. Der Arrest dauerte genaugenommen nur einen Tag, am 03./04. Oktober 1977 wie Maps of India online berichtet:

„On 4 October 1977, a day after she was dramatically under arrest on charges of political corruption by the Janata Party government, Congress leader Indira Gandhi was released unconditionally by a judicial magistrate, marking the beginning of the road that would take her back to the prime minister's chair." (Quelle: Maps of India)

Der Hausarrest war erst 1977 und die erneute Machtübernahme fand 1980 statt. Ein Arrest im Sommer 1969 zum Zeitpunkt der Vorhersage kann also nicht sein. War da irgendwo ein Zahlendreher enthalten? Grundsätzlich stimmte es allerdings, dass sie zweimal an der Macht war und durch das Attentat ihre kurze zweite Amtszeit beendet wurde.

Auch das Kamikaze-Attentat eines Sikh-Terroristen ist nicht korrekt, was Zeitpunkt und Täter betrifft. Wie der SPIEGEL in seiner Ausgabe 45/1984 berichtet, wurde sie von ihren Leibwächtern erschossen:

„Die ersten Schüsse auf Indira Gandhi hatte Unterinspektor Beant Singh, 33, ein Sikh wie sein Mitverschwörer, aus einem Revolver abgefeuert. Dann hob der Leibwächter Satwant Singh, 21, seine Maschinenpistole vom Typ „Sten": Zahlreiche Schüsse trafen die Ministerpräsidentin in Unterleib, Brust und Hüfte."
(Quelle: http://www.spiegel.de/spiegel/print/d-13510700.html)

Juri Gagarin

Faszinierend ist auch ihre Information über den Astronauten **Juri Gagarin**. Krasimira Stojanowa berichtet auf Seite 66 ihres Buches, dass sich Baba Wanga im Jahr 1979 mit dem berühmten russischen Schauspieler Wjatscheslaw Tichonow und dem Regisseur Julian Semjonow traf.

(Anmerkung: Im Buch steht in einem Satz Regisseur im nächsten Schriftsteller. Laut Wikipedia war Julian Semjonowitsch Semjonow Schriftsteller und Drehbuchautor, kein Regisseur.)

Tichonow war mit Juri Gagarin befreundet und das Gespräch der Gäste drehte sich hauptsächlich um den Film „Siebzehn Augenblicke des Frühlings", zu dem Semjonow das Drehbuch geschrieben hatte.

Plötzlich sprach Wanga jedoch von etwas völlig anderem und fragte Tichonow, warum er seinem Freund Gagarin nicht die versprochene Uhr gekauft hatte. Sie erklärte ihm, dass Gagarin, bevor er zum letzten Aufklärungsflug startete, Tichonow darum bat, eine Uhr zu kaufen, da er selbst während der letzten Vorbereitungen nicht dazu gekommen war.

Abb. 11: Juri Gagarin, russischer Kosmonaut und erster Mensch im All

Tichonow sollte diese Uhr dann bei sich aufstellen, als hätte Gagarin sie gekauft und sollte jedes Mal, wenn er darauf blickte, an Gagarin denken. Tichonow war sichtlich betroffen und bestätigte das Treffen und das Gespräch.

Wanga fügte dann hinzu: „*Ihr alle müsst aber wissen, Juri Gagarin ist nicht im Flugzeug gestorben, er ist abgeholt worden.*" Eine nähere Erklärung dazu hatte sie nicht abgegeben.

1960 wurde Gagarin unter 20 möglichen Kandidaten als Kosmonaut ausgewählt und durfte am 12. April 1961 mit dem Raumschiff Wostok 1 einmal die Erde umrunden. Er kam im Wolga-Gebiet nahe der Stadt Saratow wieder herunter, wo heute ein Denkmal steht.

Am 27. März 1968 absolvierte Gagarin im Rahmen seiner Ausbildung zum Kampfpiloten einen Übungsflug mit einer MiG-15UTI und kam dabei ums Leben. Sein Kopilot und Ausbilder war ein erfahrener und routinierter Kommandeur mit über 4.000 Flugstunden.

Der Absturz mit diesem als sicherstes Kampfflugzeug der UdSSR geltenden Flugzeugs sind bis heute nicht konkret aufgeklärt worden. Nach dem Unglück hielt sich die Regierung mit Äußerungen zurück und der Untersuchungsbericht würde erst über 40 Jahre später veröffentlicht.

1985 konnte jedoch einer seiner Kollegen, Alexei Leonow, aufgrund seiner hohen Position einen Blick in die Unterlagen werfen und feststellen, dass der Absturz aufgrund einer Reihe von Sicherheitsverletzungen zustande gekommen war. Anscheinend hatten sich noch weitere Abfangjäger in der Luft befunden, die Gagarin zu nahe gekommen waren, woraufhin er ins Trudeln kam und im freien Fall abstürzte.

Leonow selbst war Ohrenzeuge von zwei lauten Knallen, da er an diesem Tag ein Fallschirmtraining absolvierte. Die zwei Knalle hatten sich seiner Meinung nach im Abstand von 1 bis 2 Sekunden ereignet, doch seine Angaben waren in dem Bericht, den er jetzt einsah, auf 15 – 20 Sekunden geändert worden. Nach dem Zusammenstoß funktionierten Höhenmesser und Höhenradar von Gagarins Flugzeug nicht richtig und weder er noch sein Kopilot hatten die Chance, das Flugzeug zu stabilisieren.

Experten bezweifeln diesen Ablauf und vermuten Kollisionen mit einem Wetterballon bzw. grobe Fahrlässigkeit der Piloten. Als im April 2011 die vollständigen Berichte offiziell freigegeben wurden, war dort zu lesen, dass Gagarin einfach ein höchst unerfahrener Pilot war, der zu scharf manövriert hatte, um einem Wetterballon auszuweichen.

Und wie passt Wangas Kommentar hierher, dass Gagarin nicht gestorben sei, sondern abgeholt wurde? Wir werden es wohl nicht erfahren.

Adolf Hitler

Besonders spektakulär ist die Behauptung, dass sie sogar **Hitler** etwas vorhergesagt habe und dieser betrübt ihr Haus verlassen hätte. (*"Many a statesman visited Vanga. Adolf Hitler called on her one day. He left her house looking rather upset."*
Quelle: http://www.pravdareport.com/science/mysteries/03-02-2006/75360-vanga-0/).

Zuzutrauen wäre es dem an Esoterik interessierten Hitler sicherlich, dass er eine berühmte Prophetin nach seinem Schicksal befragt, er könnte sich sogar bei Zar Boris III nach ihr erkundigt haben, den er ja im August 1943 kurz vor dessen Tod noch zu Besuch hatte. Aber gibt es auch Beweise dafür?

Mein Autorenkollege Abel Basti, der für sein Buch *"Hitler überlebte in Argentinien"* seit Jahren jeden Fetzen Papier und jedes Bild zehnmal untersucht hat, sagt zu diesem Thema eindeutig: Es handelt sich nur um ein Gerücht. Es gibt keinerlei Beweis, der einen Besuch bei Wanga belegen würde.

Auch die Nichte der Wanga hat in ihrem Buch keinen Besuch von Adolf Hitler erwähnt – und sie hätte sich bestimmt daran erinnert, denn sie hat ja 30 Jahre bei ihrer Tante gelebt und ein derart berühmter Besucher hätte bestimmt für Furore gesorgt!

Abb. 12: Adolf Hitler 1933

Wie Krasimira Stojanowa außerdem berichtet, hielt sich Anfang der 1970er Jahre ganz hartnäckig das Gerücht, dass sich die Kennedy-Witwe **Jacky O. Kennedy** mit Wanga getroffen hätte. Dies sei aber ausdrücklich nicht der Fall gewesen.

Ein interessanter Ausnahmefall war, dass Baba Wanga 1995 den Sekretär von **Präsident Boris Jelzin** (dem ersten demokratisch gewählten Staatsoberhaupt Russlands von 1991 bis 1999) zu sich rufen ließ, um **Sergei Medvedev** ihm dringende Informationen über den Präsidenten und die Zukunft Russlands zukommen zu lassen. Die Lage war nicht gut. Wirtschaftskrise, Tschetschenienkrieg, Gerüchte über eine Alkoholkrankheit ... 1999 trat Jelzin zurück und übergab an Wladimir Putin. 2007 starb Jelzin an einem Herzinfarkt.

In dem Film „*Vanga - the visible and invisible world*" kommen Zeugen wir Medvedev zu Wort und äußern sich im Interview zu ihrem Verhältnis und den Vorhersagen Baba Wangas.

Alle 12 Folgen (je ca. 1 Stunde) sind in guter Qualität und mit englischen Untertiteln bei YouTube zu sehen. Die erste Episode findet man, zumindest zum jetzigen Zeitpunkt, unter dem Link:

https://www.youtube.com/watch?v=evyxPXcwpes

Gleich im ersten Teil geht es um Boris Jelzin. Serge Medvedev kommt zu Wanga und bringt eine Uhr mit, die Jelzin gehört. Sie fasst die Uhr an und sagt, sie hätte mehr sehen können, wenn er selbst gekommen wäre. Dann prophezeit sie, dass er die Präsidentschaftswahlen gewinnen wird und dass er auf sein Herz achten soll, es sei sehr schwach. Mit beidem hatten sie recht, wie oben bereits erklärt.

TEIL 3: Wie hat Wanga geholfen?

Wie wir gesehen haben, hat Wanga viele Menschen durch ihre Fähigkeiten beeindruckt, so sehr, dass das gesamte Land bei ihrem Tod trauerte und ihr ein Staatsbegräbnis zuteilwurde. Doch wie genau konnten sie den Menschen überhaupt helfen?

Die verzweifelten Menschen haben sich aus verschiedenen Gründen an Wanga gewandt. Sie konnte helfen, verschwundene Menschen oder Tiere (aus den Herden der Dorfbewohner) wieder zu finden, sie konnte mit Toten sprechen (wie am Beispiel von Juri Gagarin gezeigt), um Botschaften an die Lebenden zu übermitteln, sie konnte wichtige Vorhersagen treffen und Menschen vor Unglücken warnen und sie konnte auch in aussichtslosen Fällen Heilungen erzielen.

Sie heilte aber nicht alle Menschen persönlich, sondern verwies sie oft an geeignete Ärzte oder Kliniken, wo man ihnen schließlich helfen konnte – und das, obwohl die blinde Prophetin die Ärzte und Krankenhäuser selbst überhaupt nicht kannte.

Dies erinnert stark an den „schlafenden Propheten" Edgar Cayce, der hauptsächlich in den Vereinigten Staaten einen hohen Bekanntheitsgrad erreichte durch die Medizin, die er den Patienten verschrieb – ohne selbst einschlägige medizinische Kenntnisse zu besitzen.

Wie Krasimira Stojanowa berichtet, hatte Baba Wanga einige allgemeine Tipps und Ratschläge, an die sich sich auch selbst hielt: Nicht rauchen, kein Alkohol, ausreichend Bewegung, nicht zu viel Fett essen, abends duschen und am besten von 22/23 Uhr bis 5/6 Uhr schlafen.

Am meisten hielt sie von Heilpflanzen, die sie den Menschen ganz individuell empfahl, genau wie alle ihre Mittel und Tricks. Über die Pflanzen sagte sie: *Die Welt begann mit Heilpflanzen und sie wird mit ihnen enden. Die größte Heilkraft haben Heilpflan-*

zen eines bestimmten Landes jedoch, wenn sie bei den Bewohnern eben dieses Landes angewandt werden, denn sie haben auf ein und derselben Erde gelebt. So wurde es bestimmt. Jeder soll sich mit den eigenen Heilkräutern heilen." (Buch, Seite 143)

Diese Einstellung ist auch in der heutigen Homöopathie und sogar in der Ernährungslehre bekannt. Man verträgt die Lebensmittel am besten, die im eigenen Land oder eigenen Umfeld wachsen. Diese kann der Körper am besten verwerten.

Abgesehen von Kräutern und der Weiterempfehlung an Ärzte, gab sie auch Tipps weiter, die mittelalterlich anmuten und aus einem alten Zauberbuch wie dem „6. und 7. Buch Moses" oder ähnlichen Werken stammen könnte. Ein Beispiel zur Erläuterung:

Wanga empfahl bei Rückenschmerzen infolge eines vor Jahren erfolgten Sturzes das folgende Rezept: „Man nehme das Fell eines frisch geschlachteten Hasen, reibe es mit Olivenöl ein, bestreue es mit Paprika und lege es für eine Nacht auf die schmerzende Stelle."

Ob und warum solche Mittel bei Wanga und auch im Mittelalter funktioniert haben (aufgrund einer bestimmten Zusammensetzung, eines wärmenden Effektes oder einfach aufgrund des Placebo-Effektes), kann an dieser Stelle nicht beurteilt werden.

Ihre Heilmethoden haben jedenfalls für die Hilfe Suchenden funktioniert und das ist ja die Hauptsache. Freunde hat sie sich dadurch nicht gemacht, wie ihre Nichte berichtet, denn die seltsam anmutenden Rezepte haben Wanga in Verruf gebracht, eine Zauberin oder Scharlatanin zu sein.

TEIL 4: Überprüfung von Wangas Fähigkeiten

Baba Wanga war eine Prophetin und Wahrsagerin. Hellsichtige Personen gibt es viele. Auch Hellhörige. Manche Wahrsager sehen Symbole, andere hören Stimmen, manche reagieren auf Gefühle, wieder andere sehen künftige Geschehnisse wie einen Film vor dem inneren Auge ablaufen. Wanga war anders. Wanga erhielt ihre Informationen von „Außerirdischen", die niemand außer ihr sehen konnte. Zu diesem Phänomen und der Beschreibung an sich kommen wir anschließend noch.

Viele Menschen sind Vorhersagen gegenüber skeptisch und verweisen auf Methoden des „cold reading", wie es auch in Bühnenshows praktiziert wird. Dort können jedoch keine korrekten Heilmethoden vorhergesagt werden, es werden keine verlorenen Gegenstände gefunden und treffsichere Vorhersagen bezüglich Krieg, Präsidentschaftswahlen oder auch Gespräche mit Toten (die einen korrekten Inhalt und keine lapidar mehrdeutigen Hinweise enthalten) durchgeführt.

Skeptiker fordern dennoch eine Überprüfung solcher Fähigkeiten. So auch im Falle der Wanga. Obwohl damals esoterische Praktiken gänzlich abgelehnt wurden, hatte sie das Interesse des Regimes auf sich gezogen und schließlich wurden ihre Fähigkeiten auch überprüft. Wie Wikipedia schreibt, wurde sie eigens dafür in einem speziellen Haus untergebracht, die Ratsuchenden wurden genau ausgesucht und die Ergebnisse ausgewertet.

Wanga war außerdem laut Wikipedia Staatsangestellte an der Bulgarischen Akademie der Wissenschaften, am neu gegründeten Institut für Suggestologie. Staatsangestellte oder Versuchsobjekt mit vollmundigem Titel? Ich habe mich auf die Suche nach diesen Begriffen gemacht und auch nach dem Institut, das bei uns jedoch eher weniger bekannt zu sein scheint.

Grundsätzliche Infos über die Untersuchungen gibt es auf der Webseite http://www.baba-vanga.com/ in englischer Sprache.

Dort finde sich die Information, dass die berühmten bulgarischen Psychiater Prof. Georgi Lozanov und Nicola Shipkovensky bereits in den 1950er Jahren eine umfangreiche Studie über Wangas Fähigkeiten durchführten.

Abb.13: Georgi Losanow (1926 – 2012)

Sie verschickten Kärtchen mit Fragen an die Personen, die sich von Wanga etwas hatten prophezeien lassen, und werteten die Antworten aus, um so zu erfahren, zu wie viel Prozent die vorhergesagten Ereignisse eingetroffen waren. Die damals errechnete Trefferquote lag bei 80%.

Des Weiteren wurde sie von Yuriy Negribetzkiy, einem Akademiker und Doktor im Bereich der energetisch-informatorischen Wissenschaft von der International Academy of Science, untersucht. Dieser Mann hatte sich zeitlebens der Untersuchung von

Hellsehern verschrieben und kam zu dem Ergebnis, dass Wangas Vorhersagen zu 75-80% eintrafen.

Er stellte fest, dass sie Informationen abrufen konnte (sehen und hören), die anderen Menschen verborgen blieben. Ihr Gehirn konnte praktisch wie ein Computer nach den benötigten Informationen suchen. Seiner Meinung nach folgen alle Hellseher einer Verbindung von Ursache und Wirkung. Er geht davon aus, dass es keine Zufälle gibt und die Zukunft mehrere Optionen bereithält, je nachdem, für welche wahrscheinliche Zukunft wir uns entscheiden.

Baba Wanga selbst sagt dazu, dass sie ihre Informationen von Außerirdischen erhält. An anderer Stelle erwähnt Krasismira Stojanowa in ihrem Buch, dass Wanga selbst davon ausgeht, dass die Zukunft festgeschrieben steht und nicht verändert werden kann. Diese Aussage würde also – zumindest in Wangas Fall – nicht mit den Forschungsergebnissen von Dr. Yuriy Negribetzkiy übereinstimmen.

Die bulgarische Akademie der Wissenschaften in Sofia hat eine eigene Webseite (http://www.bas.bg/), auf der ich mangels Sprachkenntnissen jedoch nicht speziell nach Dokumenten oder Einträgen über Baba Wanga suchen konnte.

Über ein dort ansässiges Institut für Suggestologie konnte ich unter diesem Begriff auch nichts finden, aber es wird sich dabei um die Abteilung des Prof. Georgi Lozanov gehandelt haben, der die Suggestologie „erfunden" hat. Beziehungsweise gibt es dieses Wort auch nicht, aber der gute Professor hat die „Suggestopädie" erfunden.

Diese Methode wird auch „Superlearning" genannt und dient dazu, als ganzheitliche Lernmethode – speziell im Bereich der Fremdsprachen - durch verschiedene visuelle, kinästhetische und auditive Reize den Lernvorgang „gehirngerecht" aufzubereiten und so zu intensivieren bzw. zu erleichtern.

Das Gehirn wird spielerisch abwechselnd stimuliert und entspannt. Die Methode selbst ist nicht frei von Kritik, hängt jedoch auf den ersten Blick überhaupt nicht mit dem Begriff der Hellsichtigkeit zusammen.

Wir haben also kein Institut für Suggestologie und die Methode des Professors Lozanov hat eher mit Superlearning als mit Hellsichtigkeit zu tun. Dies ist natürlich kein Grund, warum die Angaben nicht stimmen sollten, dass er Wanga genauer untersucht hat, da sie auf jeden Fall zumindest in seinen psychologischen Bereich und in die Hirnforschung fiel und mit Sicherheit ein interessantes Studienobjekt abgab.

Daten über die Studie konnte ich leider nicht finden, da es sich um Ergebnisse aus den 1950-er Jahren und bulgarische Studien handelt, sind diese wohl nicht übersetzt und online gestellt worden.

Die International Academy of Science hat eine englischsprachige Webseite https://www.science.edu/ auf der man allerdings als Nichtmitglied keine Unterlagen ansehen kann. Und wenn man „Yuriy Negribetzkiy" googelt, gibt es leider kein Suchergebnis außer der Seite von www.baba-vanga.com. Vermutlich wird der gute Mann anders geschrieben oder lässt sich nur unter der kyrillischen Schreibweise auffinden.

Umfangreiche aktuelle Untersuchungen, die auch auf Deutsch oder englisch vorliegen, sind also hier leider nicht verfügbar.

Die Auswertungen der Wissenschaftler können wir also leider hier nicht zeigen, aber da die Menschen scharenweise und begeistert zu Wanga gekommen sind und auch viele berühmte Vorhersagen eingetroffen sind, steht natürlich außer Frage, dass sie diese Gabe hatte, vielleicht nur zu 80% aber immerhin.

Doch wie kam sie nun an die Vorhersagen? Schauen wir uns Wangas Quellen im nächsten Kapitel einmal näher an.

TEIL 5: Wanga und die Außerirdischen

Wanga wurde oft danach gefragt, wie sie eigentlich ihre Eingebungen erhielt, doch es scheint, dass sie diese aus mehreren Quellen bezieht, wovon die Hilfe der Außerirdischen sicher die spektakulärste, aber nicht die einzige Methode darstellt. Schauen wir uns mal einige Möglichkeiten an, die Wanga zur Vorhersage nutzt.

Zu Beginn ihrer Karriere hatte sie von **Träumen** und **Visionen** gesprochen und von **Stimmen**, die ihr die Zukunft vorhersagten. Dann wieder war von einem **Reiter** die Rede und einer **weiß-blau gekleideten Frau**. An anderer Stelle erhielt sie die Auskunft von den bereits **Verstorbenen**, die sie genauso wahrnahm wie die Lebenden.

Abb.14: Mineralquelle Rupite

Als Wanga ihren Verwandten das erste Mal davon berichtet hat, Dinge im Voraus zu wissen, hat sie ihnen erklärt, dass sie diese im Traum gesehen hatte.

Einmal war ihre Schwester dabei, als sie beim Wasserholen an der Quelle mit einem unsichtbaren Reiter sprach, den außer ihr niemand wahrnehmen konnte. Dieser Reiter spielte auch später eine Rolle, als sie zu Beginn des Jahres 1941 die Erscheinung eines antiken Reiters sah, der zu ihr sprach:

„In naher Zukunft wird die Welt aus den Fugen geraten und viele Menschen werden sterben oder sich verlieren. Du wirst an dieser Stelle stehen und ihnen wahrsagen, den Lebenden wie den Toten. Fürchte dich nicht! Ich werde dir beistehen und dir sagen, was du zu überbringen hast ...“

Dieser Reiter taucht dann auch des Öfteren auf und könnte eventuell in einen Zusammenhang damit gebracht werden, dass sie von einer antiken Stadt sprach, die vor vielen Tausend Jahren an der Stelle von Rupite existierte, und die die Statue eines goldenen Reiters beherbergte.

In einem Interview mit einem Journalisten, das ihre Nichte in ihrem Buch abdruckte (S. 27-35), wird sie ebenfalls danach gefragt und gibt wiederum unterschiedliche Erklärungen dazu ab, was wohl darauf hindeutet, dass ihr diese Informationen auf verschiedenen Kanälen gleichzeitig und nicht nur durch einen Kanal zufließen.

Da mehrere Methoden zur Sprache kommen, müssen wir uns das Interview genauer anschauen, besonders im Hinblick auf die Informationen über die Außerirdischen sowie über die Verstorbenen.

Sie erklärt, dass die Vergangenheit, Gegenwart und Zukunft einer Person gleichermaßen wahrnimmt und **mithilfe Ihres Bewusstseins konkrete Bilder sieht. Gleichzeitig hört sie eine Stimme dazu.** Diese Informationen kommen manchmal auch ungefragt. Sie erklärt, dass sie das ganze Leben einer Person wie einen **Kinofilm** sieht und auch **Gedanken lesen** kann, unabhängig von Sprache oder Entfernung der Person oder geistigem oder körperlichem Zustand, in dem die betreffende Person sich befindet.

Auf die Frage, ob Sie oder eine andere Person, der sie etwas vorhersagt, das Ereignis oder Unglück abwenden könne, sagt sie deutlich, dass das nicht möglich ist. **Niemand kann den Lebensweg eines Menschen ändern, da er streng festgelegt ist.** (Diese Information ist interessant im Zusammenhang mit den erwähnten Forschungen von Dr. Yuriy Negribetzkiy, der der Meinung ist, dass es mehrere mögliche Zukünfte gibt, was nach Wangas Aussage nicht der Fall ist, da eine Vorhersage nicht verändert werden kann.)

Sie erklärt sogar am Schluss des Interviews noch Folgendes:

„Stellt euch vor, über uns gibt es ein riesiges Auge, das all unsere Taten beobachtet. Niemand und nichts kann sich verbergen. Glaubt nicht, ihr wärt frei und ihr könntet machen, was euch in den Sinn kommt. Es geht nicht. Niemand ist frei. Jeder ist verpflichtet, dem Weg zu folgen, der ihm von oben vorgezeichnet worden ist."

Sie geht im Interview auch darauf ein, dass sie die **Verstorbenen** genauso deutlich wahrnimmt und sich mit ihnen unterhalten kann, sie stellt ihnen Fragen und erhält Antworten. Sie sieht die Toten nicht als „tot" an, denn der Tod ist für sie lediglich das physische Ende. Die Seele bleibt übrig und wird sogar wiedergeboren.

Dies hat auch Einfluss auf ihre Wahrsagekünste, denn sie erklärt:

„Sobald ein Mensch vor mir steht, reihen sich seine verstorbenen Verwandten um ihn herum auf; sie stellen mir Fragen und antworten auf Fragen und ich teile den Lebenden das von dem Verstorbenen Gehörte mit."

Wie Frau Stojanowa im Buch noch anmerkt, hat Wanga immer gelächelt, wenn sie einen bevorstehenden Tod ankündigte. Dies hat natürlich die Menschen verärgert, denn über den Tod eines Menschen zu lachen, sieht herzlos aus. Doch wenn man berücksichtigt, dass für Wanga die Lebenden und die Toten gleichermaßen weiterexistierten und nur in einen anderen Zustand übergingen, war am Tod wohl aus ihrer Sicht nicht viel Dramatisches.

Dann erläutert sie dem Journalisten, dass ihr ihre hellseherischen Kräfte von einer **höheren Macht** einprogrammiert worden sind und dass sie diese Macht als „Stimme" wahrnimmt. Diese Macht ist aber nicht Gott, obwohl Wanga sehr gottesfürchtig ist. Die Beschreibung dieser Mächte gibt sie dem Journalisten ebenfalls:

„Sie sind durchsichtig und sehen aus, als würde ein Mensch sein Ebenbild im Wasser betrachten. Sie tragen Kleider, die Rüstungen gleichen und wie Schuppen eines Fisches glänzen. Meist sind es ältere Männer, eher Greise. Mir scheint, es gibt auch Frauen unter ihnen. Ihre Haare ähneln Algen. Sie sind weich wie Entendaunen und umkränzen ihren Kopf wie ein Heiligenschein.

Manchmal haben sie hinten so etwas wie Flügel. Ich treffe sie sehr oft an, wenn ich nach Hause komme. Sie sitzen im Salon, manch al auch in den anderen Zimmern. Nur ich sehe sie und ich rede mit ihnen. Es kommt vor, das ich schon von Weitem, noch bevor ich das Tor erreiche, langsame und lang gezogene Laute höre. Sie ähneln einer Melodie und klingen, als würde ein Chor Psalmen singen." (S. 30)

Manchmal wird Wanga von diesen Wesen auf „ihre Erde" mitgenommen, wo sie auf einem Boden läuft, der von Sternen übersät ist und alles sehr schön ist mit einer wunderbaren Natur, allerdings sieht man nirgends Häuser.

Eine Assoziation, die bei dieser Beschreibung geweckt wird, ist natürlich die mit Engeln, die ja bekanntlich geflügelt dargestellt werden. Für eine gläubige Frau wie Wanga wäre das Erscheinen eines engelsgleichen Wesens sicher „passend". Was aber auch interessant ist, sind die Kleider, die schuppigen Rüstungen gleichen.

Von schuppigen Rüstungen berichten Drachenmärchen aus China und schuppige Gewänder kennt auch der Autor Edward Bulwer-Lytton in seinem Werk *Das kommende Geschlecht*. Die greisen Philosophen, denen der Protagonist begegnet, sind in Tuniken gekleidet, die einem losen Gewand gleichen, das eine schuppige Rüstung zu bilden scheint.

An anderer Stelle sind die Wesen, denen er begegnet, exotisch schön anzusehen, aber zugleich Furcht einflößend und sie tragen Gewänder, die in der Hauptsache aus zwei Flügeln zu bestehen scheinen, die vorne über der Brust zusammenfallen.

Außerdem müssen wir an alte Meister denken, die nach esoterischen Lehren im inneren der (hohlen) Welt oder verborgen im Himalaja leben und die Geschicke der Menschen leiten. Die Theosophin Helena Petrowna Blavatsky hat bereits von ihnen gesprochen.

Man könnte meinen, dass Wanga mit solchen Wesen aus dem Inneren unserer Erde zu tun hätte, wenn diese sie nicht ausdrücklich darauf hinweisen würden, dass sie von einem anderen Planeten stammen.

Diese Außerirdischen jedenfalls bestimmen den Kontakt und stellen ihn von sich aus her. Sie sind, sagt Wanga, sehr streng, ihre Stimmen hallen wie ein Echo und manchmal setzt man ihr eine Art Kopfhörer auf. Ihre Erde sei gut organisiert und es wird viel gearbeitet. Auf Wangas Fragen antworten sie meist unverständlich. Sie haben ihr jedoch erklärt, dass sie mit den einzelnen Bewohnern der Erde kommunizieren und die Menschen kontrollieren. Außerdem wurde ihr verboten, über die Dinge zu berichten, die sie auf der anderen Erde sah oder hörte.

Abb. 15: Das Hubble Ultra Deep Field

Ein Bild einer kleinen Himmelsregion, aufgenommen vom Hubble-Weltraumteleskop über einen Zeitraum vom 3. September 2003 bis 16. Januar 2004. Dabei wurde eine Himmelsregion ausgewählt, die kaum störende helle Sterne im Vordergrund enthält. Man entschied sich für ein Zielgebiet südwestlich von Orion im Sternbild Chemischer Ofen.

Die Wesen haben eine strenge Rangordnung, und wenn man ihr etwas übermittelt, dann dringend die Chefs in ihr Bewusstsein ein, und zwar mit einer solchen Kraft, dass es Wanga schlecht wird oder sie sogar ohnmächtig wird und in Trance fällt. Sie redet dann von Dingen, an die sie sich später nicht mehr erinnern kann und wonach sie sehr erschöpft ist. (Dieses Phänomen ist nicht ungewöhnlich bei Channeling–Medien).

Sie erklärt dem Reporter, dass es noch einen höheren Verstand im Kosmos gibt und dass vor uns auf der Erde andere große Zivilisationen existiert haben. Außerdem stellt sie ihn Aussicht, dass wir diese anderen, also die Aliens, bald treffen werden.

Abb.16: Gefälschtes UFO-Bild

Der Reporter fragt: *„Gibt es in der Erdatmosphäre fliegende Untertassen?"*

Wanga antwortet: *„Ja. Ihr seht es nicht, aber am Himmel sind viele Flugapparate unterwegs. Drinnen sind sie meist zu dritt und sie haben ganz spezielle Geräte ... (Sie kommen) von einem Planeten, den sie selbst „Wamfin" nennen, zumindest habe ich den Namen so verstanden. Sie sagen, er sei von der Erde aus der Dritte."* Weitere Details über den Planeten werden Wanga von den Außerirdischen aber nicht übermittelt. (S. 33)

Bei dem Gespräch über den Kosmos und die Außerirdischen kommt Wanga noch einmal auf die Episode mit Juri Gagarin zurück, über den wir eingangs schon berichtet hatten. Sie erklärt dem Reporter, dass die Stimme ihr mitgeteilt habe, dass Juri nicht während eines Flugzeugabsturzes ums Leben gekommen sei, sondern *von Angehörigen einer anderen, verstandesmäßig entwickelten Zivilisation geholt worden* sei.

Außerdem habe sie die Mondlandung mit ihren inneren Augen verfolgt und jede Handlung aus nächster Nähe miterlebt. Dabei weist sie ausdrücklich darauf hin, dass diese Männer nur einen Bruchteil ihrer Erlebnisse auf dem Mond weiter erzählt haben.

Abb. 17: Pete Conrad, commander of Apollo 12, stands next to Sur-
veyor 3 lander. In the background is the Apollo 12 lander, Intrepid.

Diese Information ist auch aus einem anderen Grund ziemlich interessant, da ja nach wie vor Verschwörungstheorien diskutiert werden, nachdem die Mondlandung nur ein Fake war und nie jemand dort oben herumspaziert ist.

Abschließend fragt der Reporter sie noch, ob sie in der unsichtbaren Welt auch Jesus gesehen hätte, da Wanga sehr religiös ist, und Wanga bejaht.

„Ja, aber er hat keinen Körper. Es ist ein riesiger Feuerball, in den du wegen des starken Lichtes nicht hineinsehen kannst. Es ist

einfach nur Licht. Du siehst nichts anderes. Wenn jemand dir erzählt, er habe Gott gesehen, sei dir gewiss, dass das nicht stimmt."

Leider hat Frau Stojanowa in ihrem Buch nicht angegeben, welcher Journalist dieses Interview geführt hat und wann und wo es eventuell abgedruckt oder gesendet worden ist. Da sie in ihrem Buch allerdings nur Informationen aus erster Hand aufnimmt, muss man davon ausgehen, dass es sich so abgespielt hat.

Ihrer Nichte gegenüber hat Wanga außerdem noch eine **Dame** erwähnt, die ihr bei der Beratung der Klienten hilft:

„Ihr seht es nicht ... aber jeden Tag, an dem ich meine Besucher empfange, stellt sich eine Frau zu mir. Sie ist blau-weiß gekleidet. Einer Diensthabenden gleich sagt sie mir, was ich der Person vor mir mitzuteilen habe, und ich wiederhole es."

Damen in Weiß und Blau sind auch immer beliebt bei Marienerscheinungen wie in Lourdes, wo der kleinen Bernadette Soubirous (oder Maria Bernada Sobeirons) 1958, also sie 12 Jahre alt war, beim Holzsammeln nahe einer Grotte am Fluss Gave de Pau eine Frau erschienen ist, die „weiß gekleidet und blau gegürtet" gewesen sein soll.

Zitat aus Wikipedia:

„Ich hörte ein Geräusch ähnlich einem Windstoß, ich erhob die Augen zur Grotte und sah eine weißgekleidete Dame, welche ein weißes Kleid, einen blauen Schleier und auf jedem Fuß eine goldene Rose trug."

Nach ihrer ersten Vision sagte Bernadette:

„Sie hatte ein weißes Kleid, einen blauen Gürtel und eine goldene Rose in der Farbe ihres Rosenkranzes auf jedem Fuß. Als ich das sah, rieb ich mir die Augen, weil ich dachte, mich zu täuschen ..."

Genau wie bei Wanga kamen die Kontakte immer zustande, wenn die Frau es wünschte, die auf mehrfaches Drängen der vom Ortspfarrer angestifteten Bernadette anstelle ihres Namens sagte

„Ich bin die Unbefleckte Empfängnis". Religiös passend zum vier Jahre zuvor verkündeten Dogma, aber irgendwie auch ein wenig schwammig ...

Abb. 18: Die „gekrönte Madonna", eine Marienfigur als zentraler Punkt im heiligen Bezirk in Lourdes

Die Marienerscheinung in Fatima war dagegen weiß, genau wie der schneeweiße Engel (der in der Sonne durchsichtig wirkte), den die drei Kinder 1916 dort gesehen hatten. Durchsichtige Engel, wie die durchsichtigen Außerirdischen von Wanga, die teilweise Flügel hatten? Ob hier ein Zusammenhang besteht? Oder ist das nur Zufall?

Abb. 19: Madonna von Fatima

Den drei Hirtenkindern Lúcia dos Santos, Jacinta Marto und Francisco Marto ist in der Cova da Iria bei Fátima (Portugal) mehrmals die Muttergottes erschienen und hat ihnen drei Prophezeiungen mitgegeben, die jedoch nicht sofort veröffentlicht werden durften.

Die Veröffentlichung der drei Vorhersagen war stets von Geheimnissen umgeben. Denn Lucia durfte diese erst später veröffentlichen, es wurde mehrfach hinausgezögert und anschließend immer noch darüber spekuliert, was die Vorhersagen beinhaltet haben.

Waren es die Weltkriege und ein Attentat auf den Papst? Oder hat die Öffentlichkeit die tatsächlichen Vorhersagen gar nie empfangen, weil sie immer noch geheim gehalten werden? Es gibt allerhand Theorien zu diesem Thema, die wir aber nicht weiter verfolgen wollen. Es geht nur darum, die Parallelen darzustellen.

Sowohl in Fatima als auch in Lourdes ist einfachen Kindern eine Frau erschienen, die Prophezeiungen verkündet hat, die aber niemand außer den Kindern selbst sehen konnte. Die Erscheinungen wurden als Muttergottes interpretiert und hatten nichts Außerirdisches oder Engelhaftes an sich.

Wie wir also sehen konnten, hat Wanga zu unterschiedlichen Zeitpunkten versucht, ihre Gabe verschieden zu erklären. Sie hat also mehrere Möglichkeiten gehabt, um an die benötigten Informationen für die Ratsuchenden zu gelangen.

Abgesehen von den Ratschlägen an die „normalen" Klienten, hat Wanga in den damaligen, unruhigen Zeiten, auch oft vor Kriegshandlungen gewarnt und politische Wendungen vorhergesehen, wobei Frau Stojanowa in ihrem Buch betont, dass Wanga sich vor 1990 ungern oder gar nicht zu politischen Themen geäußert hat.

*Abb. 20: Bulgarische Truppen
während der Belagerung Adrianopels (1913)*

Wangas Vorhersagen, die die Allgemeinheit betrafen, wurden schnell öffentlich und werden heutzutage wird brandaktuell diskutiert. Doch was davon hat sie wirklich gesagt? Es geistern im Internetzeitalter zahllose angebliche Vorhersagen von ihr durchs Netz, bei dem eigentlich keine Quellen angegeben werden.

Woher sind die Informationen? Wurden Sie lediglich von „Spaßvögeln" zur Desinformation oder zur Verunsicherung unters Volk gemischt? Oder kommen diese Dinge wirklich auf uns zu?

Eine Schwierigkeit der Überprüfung besteht nun wieder darin, dass viele Vorhersagen, sofern sie aus Bulgarien stammen, mehrfach übersetzt wurden, bevor sie im Netz verbreiten worden sind. Sie könnten also einen wahren Kern enthalten, der absichtlich oder unabsichtlich verändert wurde oder einfach verteilt werden, um Aufmerksamkeit zu erregen und Leser auf den Blogs oder in den Zeitungen zu gewinnen.

Man kann die Videos mit Interviews von Baba Wanga noch zurate ziehen, doch diese haben meist keine Untertitel (deutsch oder englisch), sodass zumindest ich für meine Recherche in diesem Buch an gewisse Grenzen stoße.

Wie die Quellen zu bewerten sind, dem widmen wir uns im Abschlusskapitel, schauen wir uns zunächst einmal an, was die verschiedenen Quellen überhaupt aussagen, damit wir diese vergleichen können.

TEIL 6: Weitere Vorhersagen damals und heute

6.1 Verbürgte Vorhersagen aus dem Buch von Frau Stojanowa und die Untersuchung auf deren potenzielle Trefferquote

Die erste zuverlässige Quelle bietet selbstverständlich Frau Stojanowa, die 30 Jahre lang bei Wanga gelebt und die meisten Aussagen von ihr selbst gehört hat. Einiges davon erwähnt sie in ihrem Buch *„Wanga – das Phänomen"*.

Dann haben wir noch die aktuellen Quellen aus den Zeitschriften, die die Zukunft der Menschheit bis ins 3. Jahrtausend, an anderen Stellen sogar bis ins 5. Jahrtausend aufzeigen. Und es gibt die Videos, die Wanga live bei ihren Vorhersagen zeigen.

Beginnen wir mit den Vorhersagen, die wir aus erster Hand von Frau Stojanowa erfahren (die Aufzählung ist nicht abschließend, da man sonst das gesamte Buch abschreiben müsste, dem interessierten Leser ist es jedoch unbedingt ans Herz zu legen, es selbst zu lesen, um sich einen umfassenden Eindruck zu machen):

Der Beginn des Zweiten Weltkrieges, der Einfall der Hitlerarmee in Mazedonien 1941, der Todestag des bulgarischen Zaren Boris III., die Massenproteste in Prag 1968, der Wahlsieg Indira

Gandhis, die Auseinandersetzungen in Nicaragua 1978, der Krieg in Syrien 1984, diverse Naturkatastrophen, das verstärkte Besetzen von öffentlichen Ämtern durch Frauen, einige Wahlsiege von Politikern, der schnelle Verfall moralischer Werte sowie die starke Abwertung von Gefühlen. Auf einzelne Vorhersagen sind wir in den Beispielen ja schon eingegangen.

1996 kurz vor ihrem Tod sagte sie:

„Schlechtes wird kommen! ... Ihr müsst viel Roggen säen! Die Menschen müssen mehr Roggenbrot essen, denn Roggen schützt den Organismus vor Giften und Radioaktivität."

Tatsächlich ist im Internet die Information zu finden, dass Roggen freie Radikale binden kann und demnach in der von Wanga prophezeiten Art und Weise hilfreich ist.
Quelle: http://www.j-lorber.de/gesund/selbsthilfetipps.htm

1981 prophezeite sie, dass die Erde in einen neuen Zeitabschnitt eintritt, welche ein neues Denken, ein anderes Bewusstsein und qualitativ neue Menschen erfordert. Dies sei wichtig, um das Gleichgewicht im Weltall nicht zu zerstören.

1980 sprach sie davon, dass die Welt noch dramatische Veränderungen über sich ergehen lassen müsse. *„Und das Gleichgewicht auf der Erde wird erst eintreten, wenn die Abgesandten des Himmels anfangen, mit den Menschen in Kontakt zu treten."* Nähere Angaben zu diesen Abgesandten gab es im Zusammenhang mit der Prophezeiung leider nicht.

Im selben Jahr sprach sie davon, dass bis dahin noch viele Naturkatastrophen und gesellschaftliche Kataklysmen kommen würden.

„Nach und nach wird sich das menschliche Bewusstsein wandeln. Schwere Zeiten werden kommen. Die Menschen werden sich dem Glauben nach in Gruppen teilen. Die älteste Lehre wird auf die Erde zurückkehren."

Damals wurde sie gefragt, ob es bald so weit wäre und sie sagte: *„Nein, nicht bald. Noch ist Syrien nicht gefallen!"* (Für 1984 sah sie einen Krieg in Syrien voraus, der auch Jerusalem und Bagdad mit einbeziehet.)

Ab 1982 sollten sich angeblich neue Geister auf der Erde ansiedeln, von denen Beruhigung und viel Hoffnung ausgehen wird.

Interessant ist, dass in der Esoterikszene 1982 die Autorin Nancy Ann Tappe in ihrem Buch *„Understanding Your Life Through Color"* einen Begriff für Kinder prägt, die sich ab da verstärkt reinkarnieren. Sie sind spiritueller und empathischer ausgerichtet als die bisherigen Generationen. Die Autorin kann die menschliche Aura wahrnehmen und konnte so die sogenannten *„Indigo-Kinder"* erkennen, die seit ca. 1970 geboren werden.

Noch bekannter wurde der Begriff durch das Buch *„The Indigo Children: The New Kids Have Arrived"* von Lee Carroll, einem Medium, das mit dem Geistwesen Kryon in Verbindung steht und dessen Informationen „channeln" kann – ähnlich dem, was die Außerirdischen mit Baba Wanga gemacht haben. Und Kryon hat seinem menschlichen Kontakt die Indigo-Kinder erklärt. Über die Gespräche mit Kryon gibt es mehrere Bücher, die in der Esoterikszene auch recht bekannt sind.

Das Jahr 1982 selbst soll angeblich in einem besseren Licht erstrahlen, es wird viele Veränderungen und neue Führer geben, auch viel mehr Frauen in leitenden Positionen.

Aber es werden auch Umwälzungen in der Natur geschehen, viele Pflanzen und Tiere werden aussterben. Sie zählt sogar die Reihenfolge auf: *„Zuerst die Zwiebel, dann der Knoblauch, der Pfeffer und danach werden die Bienen verschwinden. Die Milch wird schädlich werden. Viele unbekannte Krankheiten werden auftreten."* Außerdem soll alles Gold an die Erdoberfläche kommen und das Wasser sich zurückziehen.

Schauen wir uns diese Daten einmal genauer an. Die Zwiebel gehört zur Gattung Lauch und wird schon seit über 5000 Jahren als Heil-, Gewürz- und Gemüsepflanze angebaut und verwendet. Die Zwiebel ist die Heilpflanze des Jahres 2015. Sie wirkt antibakteriell, kann Blutdruck und Blutfettwerte senken und wird äußerlich angewendet bei z. B. Insektenstichen. Bis heute ist die Zwiebel noch nicht ausgestorben.

Der Knoblauch gehört ebenfalls zur Gattung des Lauchs, wird als Nahrung bzw. Gewürz und wegen seiner Heilwirkung verwendet und war die Heilpflanze des Jahres 1989. Knoblauch enthält Selen, wirkt entzündungshemmend und hilft sogar gegen Thrombosen. Auch der Knoblauch ist bis 2015 noch nicht ausgestorben.

Bleibt noch der Pfeffer, der – wie der Name schon sagt – zu den Pfeffergewächsen gehört. Im Mittelalter war der Pfeffer eine wertvolle Handelsware. Vom Pfeffer sind verschiedene Arten bekannt, die aber bis heute ebenfalls nicht ausgestorben sind.

Anders sieht es jedoch mit den Bienen aus. Diese sind tatsächlich vom Aussterben bedroht. Falls Baba Wanga die Reihenfolge nicht durcheinandergebracht hat, werden sie jedoch nicht ausgestorben sein, bevor nicht die aufgezählten Pflanzen von der Erde verschwunden sind. Pflanzen- und Bienensterben hängt natürlich zusammen, denn ohne Bienen fehlt auch die Bestäubung und Verbreitung.

Das Bienesterben (CCD = Colony Collapse Disorder) hat tatsächlich stattgefunden. Über den Winter 2006/2007 breitete sich dieses mysteriöse Sterben in den USA aus und raffte in manchen Gebieten bis zu 80% der Bienenvölker dahin. In Deutschland lag der Verlust nur ungefähr bei 12%.

Abb. 21: Eine Hauptursache des Bienensterbens in Deutschland ist der Befall mit Varroamilben (hier auf dem Körper einer Honigbiene).

Nach aktuellen Studien ist Milch für Menschen ungesund:

„(Zentrum der Gesundheit) – Milch ist schon seit Jahren ein umstrittenes Lebensmittel. Dennoch glauben noch immer viele Menschen, Milch sei gesund. Inzwischen mehren sich die wissenschaftlichen Beweise für die Schädlichkeit der Kuhmilch – zumindest wenn diese in der aktuell verfügbaren Qualität und der heute empfohlenen Menge verzehrt wird.

Kuhmilch verursacht bei Kindern Asthma, Atemwegsinfekte und Mittelohrentzündungen. Kuhmilch nützt überdies NICHT der Knochengesundheit. Ja, schlimmer noch: Milch erhöht das Krebs- und das Sterberisiko.“

(Quelle: http://www.zentrum-der-gesundheit.de/milch-krankheiten-ia.html)

Abb. 22: Ein Glas Kuhmilch

Die Krankheiten sind auch vielfältig, wenn man HIV, Schweinegrippe, Ebola und erneute Ausbrüche von ausgerotteten Krankheiten wie Syphilis und Pest anschaut. Bestimmt werden auch künftig neue Arten von Krankheiten auftauchen.

Beim Gold ist unklar, ob es durch Verschiebungen der Erdkruste oder oder auf andere natürliche Weise an die Oberfläche kommt, oder ob bei einem Rückgang des Meeresspiegels Goldnuggets in trockenen Flussbetten gefunden werden.

Aktuell gibt es für Anleger einen Aufwärtstrend am Goldmarkt, aber so war die Aussage wohl nicht gemeint. Die Hinweise sind daher nur als Anregung zu sehen und müssen rein spekulativ bleiben.

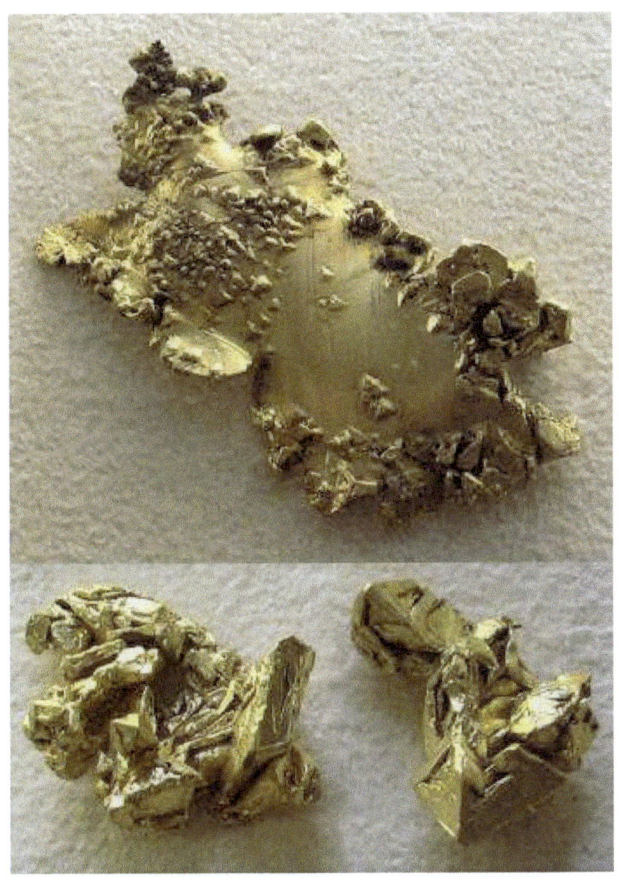

Abb. 23: Gold-Nuggets.
Oben: Aus Washington, Kalifornien.
Unten: Aus Victoria (Australien)

Dass sich das Wasser zurückzieht, ist im Moment nicht zu sehen, denn aufgrund des Klimawandels ist es so, dass die Gletscher und die Polkappen schmelzen und der Meeresspiegel ansteigt. Es bleibt also abzuwarten, was sie mit dieser Aussage gemeint hat.

Doch im Zusammenhang mit den Krankheiten sah sie auch Lichtblicke: Denn die Wissenschaft wird viele wichtige

Entdeckungen machen und viele Geheimnisse lüften, man wird ein Heilmittel für Krebs finden (wobei die Lösung im Zusammenhang mit dem dem Element Eisen liegt, dessen Mangel angeblich den Krebs hervorruft. Auch Medikamente zur Stärkung des Immunsystems wird es geben.

Dass Krebs angeblich heilbar ist, wird von verschiedenen Seiten postuliert, auch die Vorgehensweise ist unterschiedlich. Egal, ob Spontanheilung oder alternative Heilmethoden oder auch Vitamin B17, es ist alles dabei. Eine Heilung durch Eisen? Tatsächlich gibt es einen Bericht über ein Projekt, das die Krebszellen mittels der Substanz Artimisinin, die auch bei Malaria erfolgreich eingesetzt wird, zu zerstören. Die Substanz stammt aus der alten chinesischen Volksmedizin.

„Die Artimisia annua ist eine legendäre Heilpflanze der chinesischen Medizin, die heute vor allem gegen Malaria und Infektionskrankheiten eingesetzt wird. (...) die dieses altbekannte Malaria-Mittel auch für die Krebstherapie als ein interessantes, hochwirksames Mittel erscheinen lassen. Unter Laborbedingungen hat diese Substanz gezeigt, dass sie Krebszellen sehr effektiv abtöten kann."

Und das, ohne das umliegende, gesunde Gewebe anzugreifen. Das Wirkprinzip ist einfach:

„Professor Henry Lai von der Universität von Washington, USA erzählt, wie es zur Entdeckung dieses Medikamentes kam: „Krebszellen brauchen viel Eisen um die DNA zu vervielfältigen, wenn sie sich teilen", erklärte Prof. Lai. „Daraus folgt, dass es in Krebszellen eine viel höhere Eisenkonzentration geben muss als in normalen Zellen. Als wir anfingen, den Wirkungsmechanismus von Artimisinin zu verstehen, haben wir angefangen, uns zu fragen, ob wir dieses Wissen nicht nutzen können, um die Wirkung von Artimisinin auf die Krebszellen gezielt zu richten." (...)

Aus der Malariaforschung war bereits bekannt, dass auch im Malariaparasiten hohe Eisenkonzentrationen zu finden sind. Wenn

Artimisinin mit Eisen in Berührung kommt, startet eine chemische Reaktionskette, bei der viele geladene kleine Teilchen entstehen, die Chemiker freie Radikale nennen.

Diese freien Radikale haben die Eigenschaft, ähnlich wie etwa die Salzsäure oder andere aggressive Substanzen die umliegenden Moleküle anzugreifen und sie zu zerstören. So greifen diese freien Radikale auch in den Malariaparasiten die Zellmembran an und reißen Löcher in sie, wodurch die Malariaparasiten getötet werden.

Die Idee, die sich Prof. Lai sogleich patentieren ließ und sich auf die Suche nach Sponsoren machte, lautete, die Eisenkonzentration in den Krebszellen zusätzlich künstlich zu erhöhen. Er wollte die Krebszellen mit Eisen zusätzlich „aufpumpen", um dann gezielt Artimisinin in die Zellen einzuschleusen und sie dadurch abzutöten. (Quelle: Epoch Times)

Abb. 24: Artemisia Annua (einjähriger Beifuß)

Kommen wir zu einer weiteren Voraussage, die den politischen Bereich betrifft:

Spezielle Vorhersagen gab es für das Jahr 1991:

„1991 wird ein aufregendes und anstrengendes Jahr. Viele Städte und Dörfer werden von Erdbeben und Überschwemmungen zerstört werden, Naturkatastrophen werden die Erde erschüttern, Krieg und Blutvergießen werden kein Ende nehmen.

Die schlechten Menschen werden überhandnehmen. Es wird Diebe, Trunkenbolde, Denunzianten und Dirnen ohne Zahl geben. Zwischen den Menschen werden labile, zweifelhafte Beziehungen entstehen, die leicht in die Brüche gehen werden.

Die Gefühle werden stark abgewertet und die verlogene Leidenschaft, genauer gesagt falscher Ehrgeiz und Egoismus, werden die menschlichen Beziehungen beherrschen.“

*Abb. 25: Moskau, die Hauptstadt Russlands
und größte Stadt Europas*

Eine längerfristige Aussage traf sie für Russland, darüber sprach sie mit dem Schriftsteller Walentin Sidorow bereits 1979:

„Niemand kann Russland stoppen. Es wird nicht nur bestehen bleiben, sondern das „alte" Russland wird durch einen geistigen Aufschwung zum Herrn der Welt werden. Es wird ein Adler sein, der in die Lüfte steigt und mit seinen Flügeln die ganze Erde beschattet.

Alle werden seine geistige Überlegenheit anerkennen, auch Amerika. Das wird aber nicht schnell geschehen, sondern in 60 Jahren. Diesem Prozess wird die Annäherung dreier Staaten vorangehen: Chinas, Indiens und Russlands."

Diese Aussage ist im Jahr 2015 nun besonders interessant für uns, wenn wir uns ansehen, wie sich Präsident Putin im Kampf gegen den IS einsetzt. Und Wanga ist mit ihrer Vorhersage nicht alleine, denn schon 1944 wurde vom berühmten schlafenden Propheten Edgar Cayce etwas Ähnliches vorhergesehen:

„Zwei von Cayce's wichtigsten Vorhersagen betrafen die Zukunft Chinas und die der Sowjetunion, die großen kommunistischen Giganten der Welt. Im Jahr 1944 prophezeite er, dass China eines Tages die Wiege des Christentums sein würde, wie es im Leben von Menschen zur Anwendung kommt."

Durch Russland, sagte er, „kommt die Hoffnung der Welt. Nicht in Bezug auf das, was manchmal Kommunismus oder Bolschewismus genannt wird – nein! Sondern Freiheit - Freiheit! Dass jeder Mensch für seinen Mitmenschen leben wird.

Das Prinzip wurde dort geboren. Es wird Jahre dauern, bis es sich herauskristallisiert; doch aus Russland kommt wieder die Hoffnung der Welt". (3976-29) Russland, sagte er, würde durch die Freundschaft mit den Vereinigten Staaten geführt werden. Sein Versuch, „nicht nur das wirtschaftliche, sondern auch das mentale und spirituelle Leben" der Menschen zu beherrschen, war zum Scheitern verurteilt.

Cayce sagte auch die Möglichkeit eines dritten Weltkrieges voraus. Er sprach von aufkommenden Streitigkeiten in der Nähe der Davisstraße, und in Libyen, und in Ägypten, in Ankara, und in Syrien; bis zu den Meerengen rund um die Bereiche oberhalb von Australien, im Indischen Ozean und im Persischen Golf". (3976-26)

Als er im Juni 1943 gefragt wurde, ob es durchführbar wäre in Richtung einer internationalen Währung zu arbeiten oder einer Stabilisierung von internationalen Wechselkursen, wenn der Krieg geendet hat, antwortete Cayce, dass es lange, lange Zeit dauern würde, bis dies geschehen würde. In der Tat, sagte er, „es kann einen weiteren Krieg über genau solche Konditionen geben." (3976-28)"
(Quelle: http://phantho.de/edgar-cayce.html)

Wenn man einige der wichtigen und interessanten Voraussagen betrachtet, dann liegt Baba Wanga wohl gar nicht so schlecht.

Aber es gibt ja auch noch Vorhersagen, die man erst in neuster Zeit im Internet findet, und die so weit in der Zukunft liegen, dass man sie noch lange Zeit nicht überprüfen kann. Sehen wir uns die unterschiedlichen Auswüchse an:

6.2 Angebliche Vorhersagen von Baba Wanga, die seit kurzer Zeit durchs Internet geistern und die sich gegenseitig widersprechen

Es existieren diverse unterschiedliche Quellen auf Englisch und auf Deutsch, die aber nicht einfach nur übersetzt wurden, sondern die sich untereinander teilweise widersprechen und die mal mehr mal weniger Jahreszahlen und Informationen bergen.

Von den unzähligen Listen habe ich vier ausgewählt und miteinander kombiniert. Die unterschiedlichen Quellen sind mit dem Anfangsbuchstaben der Quelle gekennzeichnet.

Die benutzten Quellen sind: (alle Links zu den Artikeln sind separat in den Quellangaben unter 6.2 aufgeführt):

- FOCUS vom 12.12.2015 (im Folgenden „F")

- ANCIENT EXPLORERS vom 13.12.2015 (im Folgenden „AE")

- Politikforen.net vom 12.01.2015 (im Folgenden „P")

- New York Post vom 07.12.2015 (im Folgenden „NYP")

MITEINANDER KOMBINIERT ERGIBT SICH FOLGENDES KOMPLETTES SZENARIO:

1. 2008 – 2014 (WAS SICH SCHON HÄTTE EREIGNEN MÜSSEN)

2008: Auf vier Staatsoberhäupter werden Mordanschläge verübt, darunter auf den amerikanischen und den russischen Präsidenten. In Asien kommt es zu einem verheerenden Konflikt. (P)

2010: Wegen dem Konflikt in Asien beginnt der Dritte Weltkrieg. Der Dritte Weltkrieg wird von November 2010 bis Oktober 2014 dauern. Es werden Atomwaffen und chemische Waffen eingesetzt. (P)

2011: In der nördlichen Erdhalbkugel findet ein radioaktiver Regen statt, weswegen viele Pflanzen und Tiere sterben. Die muslimischen Staaten greifen Europa mit Atomwaffen an.

2014: Der Dritte Weltkrieg wird beendet und ein Friedensvertrag ausgehandelt. Wegen der Chemiewaffen erkranken sehr viele Menschen an schmerzhaften Eiterbeulen am ganzen Körper und an Hautkrebs. (P)

Einen Dritten Weltkrieg hatten wir zum Glück nicht, aber viele Kriegsherde auf der ganzen Welt. Die Vorhersage von 2011 wird mit dem Reaktorunglück von Fukushima verbunden, das später noch mal Erwähnung findet.

2. Direkte Vorhersage für 2016: (3 Varianten bzw. Angaben)

2016: Europa ist fast menschenleer (F)

2016/2016: „Muslims" will invade Europe, which will „cease to exist" as we know it. The ensuing campaign of destruction will last years, driving out populations and leaving the entire continent „almost empty." (AE/NYP)

2016: In Europa leben nur noch 50 Millionen Menschen. (P)

Zu dieser Vorhersage gibt es natürlich im Vorfeld lediglich Spekulationen. Werden die Europäer unter dem Flüchtlingsansturm selbst das Land verlassen? Werden durch kriegerische Handlungen viele Menschen getötet?

Die Zitate aus den Quellen sind ja recht unterschiedlich formuliert. Immerhin werden wir hier schon in einem Jahr deuten können, ob etwas an der Sache dran war und wie es dazu gekommen ist. Auch wenn sicher niemand sich über diese Prophezeiung freut.

3. Vorhersage für 2018 (nur in deutschen Quellen):

2018: Die neue Weltmacht ist China (F)

2018: China steigt zur neuen Supermacht auf. (P)

4. Vorhersagen von 2023 bis 2043 (in allen Quellen genannt)

4.1 Veränderungen im Erdorbit:

2023: Eine kleine Veränderung im Orbit der Erde (F)

2023/2023: The Earth's orbit will change (nobody really knows what this means). (AE/NYP)

2023: Die Erdbahn verändert sich leicht. (P)

Schwankungen in der Erdachse sind nicht ungewöhnlich. Sie treten zyklisch auf und sind Mitverursacher der Klimaänderungen.

Die Erdachse steht leicht geneigt zur Bahn der Sonne und steht alle 41.000 Jahre noch ein wenig schiefer. Daneben schwankt die Erdbahn, die elliptisch um die Sonne verläuft in einem Zyklus von 100.000 bzw. 400.000 Jahren. Dazu kommt noch die Präzession der Erdachse alle 23.000 Jahre. Nachzulesen mit genauerer Erklärung unter:

https://www.zamg.ac.at/cms/de/klima/informationsportal-klimawandel/klimasystem/antriebe/astronomische-zyklen

Diese Veränderungen sind also unabhängig von Baba Wangas Vorhersagen immer wieder vorgekommen und werden auch weiterhin eintreffen.

4.2 Dünne Besiedlung Europas:

2025: Europa ist immer noch dünn besiedelt (F)

2025/2025: The population of Europe will reach almost zero. (AE/NYP)

2025: Russland wird wieder kommunistisch, die Sowjetunion wird neu gegründet. Bulgarien und Griechenland werden ebenfalls kommunistisch treten der Sowjetunion bei. In Europa leben nur noch 35 Millionen Menschen. (P)

Dünn besiedelt und „gegen null" im Vergleich zu der Angabe von 35 Millionen Menschen ist ein ziemlicher Unterschied. Hierzu kann man im Moment wohl nichts weiter sagen.

4.3 Entwicklung einer neuen Energiequelle

2028: Entwicklung einer neuen Energiequelle. Die Hungerzeit wird langsam überwunden. Es startet ein bemanntes Raumschiff zum Planeten Venus (F)

2028/2028: Mankind will fly to Venus, in hope of finding new sources of energy. (AE/NYP)

2028 - Den Forschern gelingt es, eine neue alternative Energiequelle zu schaffen. Es handelt sich dabei wahrscheinlich um eine kontrollierbare thermonukleare Reaktion. Fast alle Menschen haben etwas zu essen. Es startet eine Weltraummission zur Venus. (P)

Verschiedene Meldungen über erneuerbare Energien geistern immer wieder durch die Presse, sind also nicht ungewöhnlich. Erst im September 2015 hat Andreas von Rétyi ein neues Buch über Energiequellen herausgebracht. Mittels kleiner, einfacher Fusionsreaktoren kann nach einem neuen Prinzip Energie aus Wasser gewonnen werden.

Die neue Methode kann in kleinen, laserbefeuerten Fusionsreaktoren stattfinden, die mit schwerem Wasserstoff (Deuterium) betrieben werden. Der Schwerwasserstoff findet sich reichlich in gewöhnlichem Wasser und kann recht leicht extrahiert werden. Im Gegensatz zum überschweren Wasserstoff Tritium ist Deuterium nicht radioaktiv – selbstverständlich ein entscheidender Vorzug.

Tritium hingegen dürfte beim Betrieb groß dimensionierter Fusionsreaktoren mit magnetischem Einschluss des Plasmas unabdingbar sein. Im Konzept der Göteborger Forscher wäre dies eben nicht der Fall. Holmlid kommentiert:

»Ein eindeutiger Vorteil der beim neuen Prozess erzeugten schnellen, schweren Elektronen besteht darin, dass sie elektrisch geladen sind und daher unmittelbar elektrische Energie liefern können. Die Energie der Neutronen, die sich bei anderen Arten nuklearer Fusion in großer Menge ansammeln, lässt sich nur schwer handhaben, da Neutronen nicht geladen sind. Diese Neutronen besitzen hohe Energie und sind für lebende Organismen äußerst schädlich, während die schnellen, schweren Elektronen wesentlich weniger gefährlich sind.« (KOPP Verlag)

4.4 Die Polkappen schmelzen

2033: Die Polkappen schmelzen (F)

2033/2033: World water levels will rise as the polar ice caps melt (this is already happening). (AE/NYP)

2033: Das Eis an den Erdpolen schmilzt drastisch (P)

Nun ja, die Polkappen schmelzen infolge des Klimawandels schon länger. Die Aussage ist also wohl grundsätzlich richtig. Ob sie derart drastisch schmelzen, dass sie fast verschwinden werden und die Erde dabei dann überflutet wird, muss sich noch zeigen.

Auswirkungen der Polschmelze hat das Hamburger Abendblatt bereits im Jahr 2013 online in seinem Artikel „Was passiert, wenn die Polkappen schmelzen" (s. Quellangabe) dargestellt.

4.5 Weltwirtschaft blüht auf, das Kalifat kommt

2043: Die Weltwirtschaft blüht auf. Die Muslimen erobern Europa (F)

2043/2043: Europe's transformation into an Islamic caliphate is complete. Rome is named the capital. The world's economy thrives under Muslim rule. (AE/NYP)

2043: Die Weltwirtschaft floriert. Europa wurde von Muslimen eingenommen und wird nun von ihnen regiert. In Europa gibt es nur noch zwei Staaten: Das Europäische Kalifat (Hauptstadt: Rom) und die Sowjetunion (Hauptstadt: Moskau). (P)

Nun, für alle Nichtmoslems, die nicht wild darauf sind, von einem Kalifat mit Scharia regiert zu werden, ist dies auf jeden Fall keine Nachricht, über die man sich freuen kann. Der Hinweis darauf, dass die Sowjetunion als solche bestehen bleibt, bietet dann einen Ausweg für die Unzufriedenen, falls sie dort aufgenommen werden ...

5. Vorhersage für 2046 (nur in deutschen Quellen)

2046: Es lassen sich beliebige Organe züchten. Der Organaustausch wird langsam zur besten Methode der Heilung (F)

2046: Der Medizin ist es möglich, menschliche Organe künstlich zu züchten. (P)

Dies ist ja schon absehbar. Bereits 2013 kam die Meldung in den Deutschen Wirtschaftsnachrichten:

„Forscher haben ein Verfahren entwickelt, mit dem Organe von Lebewesen außerhalb des Körpers gezüchtet werden können. Schwere Krankheiten könnten so geheilt werden, ohne dass das Immunsystem ein neues Organ abstößt."

Und DIE ZEIT berichtet im August 2015:

„Es ist eine der größten Hoffnungen der Medizin: Tissue-Engineering. Gemeint ist die Gewebezucht in der Petrischale, also gezüchtete Herzen, Lebern, Nasen und Knochen. Die neuen Organe entstehen in der Regel so:

Einige Wochen vor einer Transplantation werden dem Patienten Zellen entnommen, entweder aus dem zu behandelnden Organ oder, wenn es sich um Stammzellen handelt, auch aus einem anderen Gewebe. Im Labor wachsen sie dann in einer roten Nährstofflösung aus Zucker, Aminosäuren und Signalstoffen heran.

Anschließend tragen Biotechnologen und Mediziner die Zellen auf schwammartige tierische oder synthetische Gerüste auf, die die Umgebung im Körper nachbilden.

Nach kurzer Zeit können die zusammengewachsenen Konstrukte wieder in den Körper eingesetzt werden. Noch halten die Implantate aus der Petrischale nicht mit der Komplexität echter Organe mit. „Es dauert, bis Fortschritte erzielt werden, aber man spürt eine Aufbruchstimmung innerhalb der Forschung", sagt Michael Sittinger vom Berlin-Brandenburger Centrum für Regenerative Therapien (BCRT).

6. Vorhersage für 2066 bis 20884 (in allen Quellen in Varianten erwähnt)

6.1 Wetterbeeinflussung

2066: Beim Angriff auf den muslimischen Dom benutzt die USA eine neue Art von Waffe basierend auf dem Klima, heftiger Temperatursturz (F)

2066/2066: American will use a new climate change weapon for the first time in a bid to retake Rome and bring back Christianity. (AE/NYP)

2066: Die USA und die Sowjetunion greifen gemeinsam das Europäische Kalifat an. Dabei wird von den Amerikanern eine neue Waffe entwickelt. Mit ihr ist es möglich, das Klima zu manipulieren. In Europa wird es drastisch kälter. Im Winter herrschen Temperaturen von unter -50°C. (P)

Bei Wetterbeeinflussungen denkt man eventuell sofort an HAARP, das eigentlich dazu dient, die obere Ionosphäre zu untersuchen.

Das HAARP (=High Frequency Active Auroral Research Program) ist ein amerikanisches Programm, das von Verschwörungstheoretikern als geheim eingestuft wird und dem man die Veränderungen des Wetters (Erdbeben, Klimawandel etc. zuschreibt).

Beweise dafür liegen nicht vor. Die Antennenanlage liegt im unbewohnten Gebiet in Alaska. Ob sich diese Technik zu einer Waffe entwickeln wird?

6.2 Rückkehr des Kommunismus

2076: Gesellschaft ohne Klassen (Kommunismus) (F)

2076/2076: Communism will return to Europe and the rest of the world. (AE/NYP)

2076: In den USA wird der Kommunismus eingeführt. (P)

Die Quellen sprechen zwar alle vom Kommunismus, aber einmal ohne eine Länderangabe, einmal von der ganzen Welt und einmal nur von den USA. Für eine Prophezeiung ist das viel zu ungenau, da widersprüchlich.

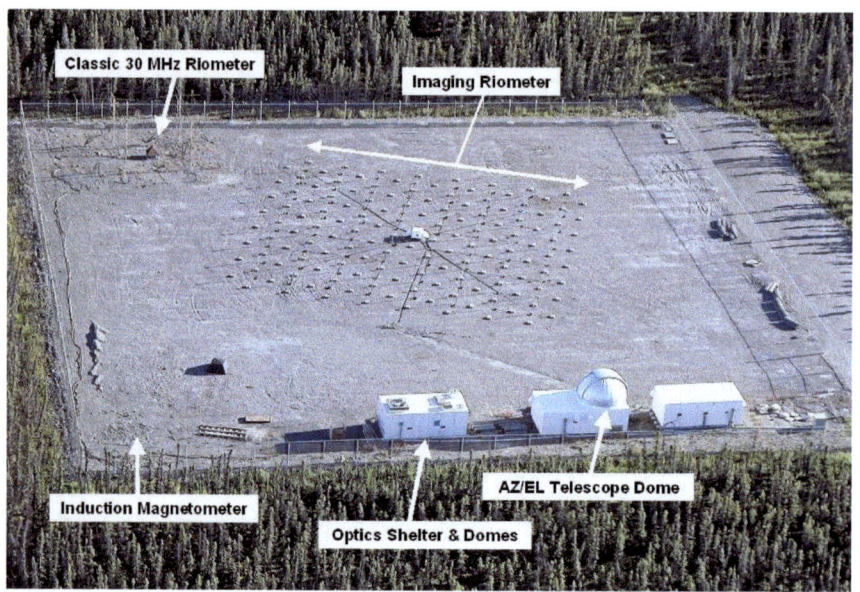

Abb. 26: HAARP-Empfangsanlagen zur Ionosphärenbeobachtung

6.3 Wiedergeburt bzw. Erholung der Natur

2084/2084: Nature is reborn (nobody is really sure what this means). (AE/NYP)

2084: Die Natur erholt sich wieder von der Nuklearkatastrophe von 2011. (P)

Eine Wiedergeburt der Natur ohne nähere Angabe kann alles Mögliche bedeuten. Vielleicht werden ausgestorbene Arten wieder gezüchtet oder Ähnliches. Aber in der zweiten Quelle wird explizit „nur" von einer Erholung der Katastrophe von 2011 gesprochen, die sich ja angeblich auf Fukushima bezog. Eine Deutung ist hier also nicht möglich.

7. VORHERSAGE VON 2088 – 2097 NUR IN EINER QUELLE:

Eine neue Krankheit bricht aus, wird aber besiegt

2088: Eine neue Krankheit bricht aus. Der Infizierte altert innerhalb weniger Sekunden. (P)

2097: Die Krankheit wird besiegt. (P)

Wanga sprach von neuen Krankheiten, die auf die Erde kommen werden, eine beschleunigte Alterung wäre eine Möglichkeit. Eine solche Krankheit existiert allerdings bereits, die Erbkrankheit Progerie, die bei Kindern zum extrem schnellen Altern und Vergreisen führt. Sie altern fünf- bis zehnmal schneller als andere Kinder in ihrem Alter und sterben dann meist an Herzinfarkt oder Schlaganfall.

Eine weitere Möglichkeit, die im Mai 2015 online erwähnt wurde, ist die Posttraumatische Belastungsstörung, die mit beschleunigter Alterung, Begleiterkrankungen und früherer Sterblichkeit verbunden ist, wie Forscher an der Universität von San Diego, Kalifornien herausgefunden haben. (Psylex.de)

8. VORHERSAGE FÜR DAS JAHR 2100 (IN ALLEN QUELLEN ERWÄHNT)

2100: Eine künstliche Sonne erleuchtet auch die dunkle Seite der Erde (F)

2100: Man-made sun illuminates the dark side of the planet (this is already in the pipeline — scientists have been working on creating an artificial sun using nuclear fusion technology, since 2008). (NYP)

2100: Es wird eine künstliche Sonne geschaffen. Sie scheint auf die dunkle Seite der Erde. (P)

2100: Man-made sun illuminates the dark side of the planet (This is already in the pipeline — since 2008, scientists have been working on creating an artificial sun using nuclear fusion technology). (AE)

Der Bau einer künstlichen Sonne klingt zunächst noch utopisch, doch die Wissenschaftler sind bereits dabei, eine zu erschaffen - in Form eines Solarturms.

Unter der Überschrift „Größte künstliche Sonne entsteht in Jülich" berichtet die Aachener Zeitung im März 2015 davon. Und wenn wir noch weitere hundert Jahre Zeit haben, ist es sicherlich möglich, das Projekt entsprechend weiter zu entwickeln.

9. VORHERSAGE FÜR DAS JAHR 2011 BIS 2025 (UNTERSCHIEDLICHE ERWÄHNUNG)

9.1 Künstliche Intelligenz – Menschen werden zu Robotern

2111: Menschen werden zu Cyborgs (Halbrobotern) (F)

2111: Es ist möglich, Menschen zu Cyborgs zu machen. (P)

Focus online berichtet im Mai 2015 hierzu, dass ein israelischer Wissenschaftler daran glaubt, dass wir Menschen bis in 200 Jahren Cyborgs sind oder sein können:

„Yuval Noah Harari, ein Professor der Hebrew University in Jerusalem, glaubt einem Bericht „ zufolge, dass der größte Schritt in der menschlichen Evolution noch bevorsteht. Hararis These: Menschen werden allmählich mit Technologien wie Computern und Smartphones verschmelzen.

Denn als Spezies sei der Mensch von einer stetigen Unzufriedenheit getrieben und würde immer nach mehr streben." Diese Vorhersage ist also durchaus möglich, wenn sie auch im Moment noch etwas utopisch klingt.

9.2 Erneuter Krieg:

2123: Kriege zwischen kleinen Staaten. Die vier Weltmächte (USA, Europäisches Kalifat, Sowjetunion und China) mischen sich nicht ein. (P)

9.3 Außerirdische Signale empfangen/Kontakt

2125: Außerirdische Signale werden abgefangen (F)

2125: Die Menschheit bekommt zum ersten Mal Kontakt mit Außerirdischen auf. (P)

Signale zu empfangen und Kontakt aufzunehmen ist genaugenommen nicht dasselbe. Der Versuch, mittels Radioteleskopanlagen außerirdische Signale zu empfangen oder welche zu senden, um dann eine Antwort zu erhalten, ist nicht neu. Es wäre ja durchaus interessant, hier einen Durchbruch zu erzielen.

Erwähnenswert ist hier das SETI Projekt – (Search for Extraterrestrial Intelligence). Schon 1909 hat der erste Astronom erfolglos vorgeschlagen, das All mittels Radiowellen abzusuchen, 1920 hat ein anderer behauptet, Signale empfangen zu haben, blieb jedoch den Beweis schuldig.

Sogar das Genie Nikola Tesla hat mit Signalen vom Mars experimentiert. Das erste moderne SETI-Projekt stammt von 1960, als Frank Drake mit einem Radioteleskop vom Green Bank Observatorium die Sterne Tau Ceti und Epsilon Eridani untersuchte.

Die Geschichte der Kontaktversuche ist ziemlich spannend und detailreich, sodass sie hier natürlich nicht vollständig erläutert werden kann. Ich muss daher auf einschlägige Seiten im Netz, z. B. auf die Seite der Universität oder des Observatoriums verweisen.

Abb.27: Radioteleskop am Green-Bank-Observatorium

10. Vorhersage für das Jahr 2130 (in allen Quellen erwähnt)

Besiedlung des Meeres

2130: Es werden Städte unter Wasser gebaut, aus Vorsicht/Angst vor den Außerirdischen (F)

2130/2130: With the help of the aliens, civilizations will live underwater. (AE/NYP)

2130: Es werden Kolonien am Meeresboden gegründet (P)

Nun erwähnen zwar alle vier Versionen den Bau unter Wasser, jedoch einmal mithilfe der Außerirdischen, einmal aus Angst vor ihnen. Das macht die Vorhersage schon wieder merkwürdig. Diese Idee an sich klingt aber nur auf den ersten Blick utopisch, denn es gibt bereits seit Jahren Forschungen und Arbeiten, die genau darauf abzielen, dass die Menschen auf schwimmenden Plattformen und tatsächlich in Kugeln im Meer wohnen können.

Bereits 2013 hat die Zeitung DIE WELT davon berichtet:

„Die Idee, Städte weit draußen auf dem Meer zu bauen, wird vor allem vom „The Seasteading Institut" (TSI) in San Francisco verbreitet. Der Name leitet sich von „sea" (Meer) und „homesteading" (Besiedlung) ab. Es wir indes meist von seasteads gesprochen, was frei übersetzt „Meeresstädte" bedeutet.

Das Institut wurde 2008 gegründet, um die Errichtung autonomer, mobiler Gemeinschaften auf schwimmenden Plattformen in internationalen Gewässern zu erleichtern. Einer größeren Öffentlichkeit bekannt wurde es, als der Finanzgründer und PayPal-Teilhaber Peter Thiel sich für die Idee friedlicher, politik- und steuerfreier Städte auf dem Wasser begeisterte. Er spendete dem TSI im Lauf der Zeit mehrere Millionen Dollar.

Wie schnell sich die propagierten Ideen umsetzen lassen, ist jedoch noch fraglich. TSI-Präsident Michael Keenan glaubt, dass in einigen Jahrzehnten bereits Millionenstädte auf dem Meer existieren werden."

11. VORHERSAGEN FÜR 2164 BIS 2167 (NICHT EINHEITLICH)

11.1 Tiere werden zu Halbmenschen

2154: Tiere werden zu Halbmenschen (F)

2164: Tiere können zu Halbmenschen gemacht werden (P)

Dass es Wesen gibt oder gab, die halb Tier und halb Mensch sind, wissen wir schon aus der Mythologie, zum Beispiel bei den Griechen gab es Cheiron, den Zentauren, entstanden aus Zeus in seiner Gestalt als Pferd und einer Menschenfrau.

Wir müssen außerdem an Bigfoot oder den Mothman denken, vielleicht noch an Meerjungfrauen oder die ägyptischen Götter, die Menschenkörper, aber Tierköpfe hatten – oder die Sphinx, ein Löwenleib mit Menschenkopf. Was schon früher oft berichtet wurde und heute schon von der Wissenschaft in verschiedenen Kreuzungen versucht wird, kann sich durchaus zur Realität entwickeln. Ob dies aber wünschenswert ist, steht auf einem anderen Blatt.

Abb.28: Cheiron lehrt den jungen Achilleus.
(Altrömisches Fresko aus dem Augusteum in Herculaneum,
Archäologisches Nationalmuseum Neapel)

11.2 Eine neue Religion entsteht

2167: Eine neue Religion entsteht (F)

2167: Es entsteht eine neue Weltreligion (P)

Diese Information zu beurteilen, ist hier nur spekulativ und führt zu nichts, daher lasse ich das so stehen.

12. Vorhersage für 2170: Große Dürre (einheitliche Erwähnung)

2170: Große Trockenheit (F)

2170: Verheerende Dürre (P)

2170/2170: Major global drought.(AE/NYP)

Große Abschnitte der Trockenheit und lang anhaltende Dürren sind immer wieder in unterschiedlichen Teilen der Welt Alltag und Realität. Die Unterscheidung in der Vorhersage bezieht sich auf die Unterschiede von „große" und „verheerende" Trockenheit sowie „globale" Trockenheit. Die ersten beiden sind örtlich nicht eingegrenzt. Hier bleiben also lediglich Spekulationen, die an dieser Stelle nicht weiterführen.

13. Vorhersage für 2183: Marskolonie (unterschiedliche Erwähnung in deutschen Quellen)

2183: Marskolonie wird nukleare Macht und verlangt Unabhängigkeit von der Erde (F)

2183: Die Marskolonie wird eine Atommacht und fordert Unabhängigkeit von den USA (P)

Diese Aussage ist ziemlich interessant, da die lange Liste bisher nur von einer bemannten Reise zur VENUS gesprochen hat, aber nicht zum Mars. Ohne vorherige Erwähnung haben wir also hier eine Marskolonie, die zur Atommacht wird?

Die Liste hat also irgendwo eine Lücke. Reisen zum Mars sind aber kein Problem, da gerade intensive Planungen ablaufen, Menschen mit einem One-Way-Ticket zum Mars zu schicken und diesen zu besiedeln.

Das „Mars One" – Projekt, das dieses Ziel verfolgt, ist eine niederländische Stiftung, die bis 2027 Menschen auf dem Mars ansiedeln will, also beinahe wie die vorhergesehene Mission 2028 zur Venus, aber dennoch leicht daneben.

Spannende Infos zu Mars One gibt es auf deren Webseite: http://www.mars-one.com/

Tatsächlich wurde aber in der Vergangenheit auch die Kolonisation des Planeten Venus diskutiert. Je nachdem, wann die Aussagen niedergeschrieben wurden, war es vielleicht naheliegender, dass die erste Kolonie wirklich auf der Venus gegründet werden würde.

Die Oberfläche der Venus ist allerdings extrem lebensfeindlich und daher ist das Projekt viel schwieriger umzusetzen. Gut möglich aber, dass sich nach einer erfolgreichen Realisierung der Marskolonie der Fokus wieder auf die Venus richtet – und sogar wahrscheinlich, da die Vorhersagen im Folgenden ja von einer weiteren Kolonisation überall im All sprechen.

Es ist auch naheliegend, dass der Mensch aufgrund von Kriegen und Hungersnöten nach weiteren Lebensräumen sucht und wenn man einmal weiß, wie es geht, ist es ja auch kein Problem mehr, mit dafür passender Technik das All zu kolonisieren. Nicht heute oder morgen, aber irgendwann.

Abb. 29 und 30 Mars (links) und Venus (rechts), Foto: Nasa

14. VORHERSAGE FÜR 2187 BIS 2196 (NICHT ÜBERALL ERWÄHNT)

14.1 Vulkanausbrüche

2187/2187: Two large volcanic eruptions will be successfully stopped. (AE/NYP)

2187: Die Eruption zweier riesiger Vulkane wird erfolgreich verhindert. (P)

14.2 Meereskolonien

2195: Meereskolonien vollständig versorgt mit Wasser und Nahrung (F)

2195: Die ersten Menschen ziehen in die Kolonien am Meeresboden. Die Versorgung mit elektrischer Energie und Nahrung ist gewährleistet. (P)

14.3 Neue Rasse

2196: Neue Rasse: Vollständige Mischung aus Asiaten und Europäern. (F)

2196: Europäer und Asiaten haben sich vollständig miteinander vermischt. (P)

15. Vorhersage für 2201 bis 2256 (unterschiedlich oft genannt)

2201: Die thermonuklearen Reaktionen auf der Sonne verlangsamen sich, die Temperatur sinkt. (F)

2201/2201: Temperatures drop as the sun's thermonuclear processes slow down. (AE/NYP)

2201: Die thermonuklearen Prozesse auf der Sonne werden langsam. Es wird kälter. (P)

Wie es mit der Sonne und der Erde weitergeht, ob sie uns verglüht oder erkaltet, ist nach wissenschaftlichen Berechnungen theoretisch nicht sicher, zumindest äußert sich in BILD DER WISSENSCHAFT ein Wissenschaftler dahin gehend.

Aufgrund des Umfangs der notwendigen Erläuterungen verweise ich lieber auf den Originaltext, falls jemand das Thema vertiefen möchte: *„Wenn die Erde die Sonne frisst"* (siehe Liste der Quellangaben)

15.1 Unspezifisches Grauen aus dem All

2221: Auf der Suche nach außerirdischem Leben werden die Menschen von etwas Grauenvollem überrascht. (F)

Das ist zu vage und kann nicht näher beurteilt werden, steht auch nur in einer der Quellen.

15.2 Neue Krankheiten werden eingeschleppt

2256: Raumschiffe bringen neue Krankheit auf die Erde. (F)

2256: Ein Weltraumschiff bringt eine schreckliche Krankheit auf die Erde. (P)

Natürlich können außerirdische Keime, Bakterien oder Viren eingeschleppt werden, wenn die Raumschiffe auf anderen Planeten gelandet sind. Ob es so sein wird? Keine Ahnung, aber es ist auf jeden Fall sehr gut möglich.

15.3 Die Umlaufbahn der Planeten wird gestört

2262: Die Orbits der Planeten werden extrem gestört und verändert. (F)

2262: Der Mars wird von einem Riesenkometen bedroht.(P)

2262/2262: Planets will slowly change orbits. Mars will be threatened by a comet. (AE/NYP)

Die Aussagen der Quellen sind nicht einheitlich. Extreme Störungen und Veränderungen können durch alles Mögliche hervorgerufen werden.

Natürlich aufgrund einer Störung durch einen Kometen, aber auch durch versehentliche Nuklearunfälle (wenn wir uns an die Atommacht auf dem Mars erinnern, die ihre Unabhängigkeit erkämpfen will) und anderes. Aktuell sind hier lediglich Spekulationen möglich.

16. VORHERSAGEN VON 2271 BIS 2341 (SCHWERPUNKT IN DEUTSCHEN QUELLEN, DIFFERIERT)

16.1 Änderungen in der Physik

2271: Die physischen Konstanten werden nochmals neu berechnet, weil sie verändert sind (F)

Diese Aussage ist unklar und schwammig. Spekulationen erübrigen sich.

16.2 Neue Menschenrassen entstehen

2273: Es entstehen neue Menschenrassen. (P)

Hatten wir vorhin schon, als sich die Europäer mit den Asiaten gekreuzt haben. Vielleicht sind hier weitere Kombinationen gemeint? Aber warum ist dies überhaupt erwähnenswert? Es kommen ja ständig interkulturelle Beziehungen zustande?

16.3 Energiegewinnung aus Dunkler Materie

2279: Energie wird aus Dunkler Materie gewonnen (F)

2279: Es ist möglich, Energie aus nichts zu gewinnen (vermutlich aus Vakuum oder schwarzen Löchern). (P)

Im Moment ist noch nicht ganz klar, woraus die Dunkle Materie besteht, daher kann über die Energiegewinnung aus der Dunklen Materie und die Art und Weise, wie das umgesetzt wird, wieder nur spekuliert werden. Zur Definition der Dunklen Materie:

„Rund achtzig Prozent der Materie im Universum bestehen aus einem Stoff, den bisher noch niemand gesehen hat – aus Dunkler Materie.

Insgesamt soll sie knapp 27 Prozent der Energiedichte im Weltall ausmachen, während die baryonische Materie, aus der alles uns Bekannte besteht, nur fünf Prozent beisteuert. Was hinter der Dunklen Materie steckt, versuchen Wissenschaftler mit verschiedenen Methoden herauszufinden." (Welt der Physik)

16.4 Zeitreisen und Kontakt mit Außerirdischen

2288: Zeitreisen, neue Kontakte mit Außerirdischen (F)

2288: Zeitreisen werden möglich (P)

Es ist interessant, dass beides gemeinsam genannt wird, denn es gibt ein Theorie, derzufolge es sich bei den Außerirdischen eigentlich um Zeitreisende aus der Zukunft handelt – und zwar uns selbst in unserer weiter entwickelten Form!

Das Konzept der Zeitreisen ist zwar Bestandteil der Science-Fiction-Geschichten, wird aber schon seit längerer Zeit untersucht und ist nach Meinung der Wissenschaft aus verschiedenen Gründen nicht möglich. Auf welcher Basis sich diese Vorhersage also erfüllen soll, geht aus dieser kurzen Information nicht hervor.

Kann der Teilchenbeschleuniger im CERN, der den Urknall erforscht, Zeitreisen ermöglichen? Forscher haben sich bei ihren

Experimenten Gedanken darüber gemacht, ob man mithilfe der Higgs-Singlets-Teilchen Zeitreisen vornehmen kann, ohne die bekannten Einwendungen des Zeit-Paradoxons zu erzeugen:

„Das interessante an dieser Annäherung an das Konzept der Zeitreisen ist der Umstand, dass sie alle bekannten großen Parado-xien vermeidet", erklärt Weiler. „Der Grund hierfür ist die Tatsache, dass diese Zeitreisen einzig und allein diesen Teilchen vorbehalten sind.

Es wäre also nicht möglich, dass eine Person in die Vergangen-heit reist und hier seinen Vater oder seine Mutter ermordet, noch bevor er selbst gezeugt wird. Sollten Wissenschaftler jedoch einen Weg finden, die Produktion von Higgs-Singlets zu kontrollieren, so könnten Nachrichten in die Vergangenheit und Zukunft gesendet werden." (Grenzwissenschaft aktuell)

Weitere Infos:
http://www.spiegel.de/wissenschaft/mensch/teilchenbeschleu niger-lhc-us-physiker-spekulieren-ueber-zeitreisen-a-754991.html

http://www.blick.ch/news/schweiz/westschweiz/hilfe-von-cern-us-forscher-wollen-durch-die-zeit-reisen-id73180.html

16.5 Probleme mit der Sonne:

2291: Die Sonne kühlt ab und stirbt ab, Versuche, sie neu zu ent-zünden (F)

2291: Die Sonne verliert weiter an Kraft. (P)

(Frage: Wie wird man wohl versuchen, die Erde neu zu ent-zünden?)

2296: Masse-Explosion auf der Sonne. Die Gravitation ändert sich, alte Raumbasen und Satelliten fallen (F)

2296: Schwere Explosionen auf der Sonne. (P)

16.6 Erneuter Religionskrieg auf der Erde

2299: In Frankreich Partisanenaufstand gegen den Islam (F)

2299: Auf dem Gebiet des heutigen Frankreich entsteht eine Partisanenbewegung gegen die muslimischen Herrscher. (P)

Und wo ist die neue Religion, die zuvor in Erscheinung getreten ist? Ein erneuter Krieg gegen den Islam in Frankreich erscheint mir hier an den Haaren herbeigezogen.

16.7 Rätsel des Alls werden gelöst – weitere Probleme kommen

2302: Neue wichtige Gesetze und Mysterien über das Universum sind aufgedeckt (F)

2304: Das Geheimnis des Mondes wird gelüftet. (P)

2341: Etwas Grauenvolles aus dem All nähert sich der Erde. (F)

2341: Irgendwas Furchtbares ist unterwegs Richtung Erde. (P)

Diese Punkte klingen spannend. Vielleicht mehr Infos zu Paralleluniversen und Multiversen? Und: Ist der Mond nur ein künstlicher Satellit, erbaut von Außerirdischen? Was kommt aus dem All auf uns zu? Ein Raumschiff? Ein Komet? Angriff der Weltraumflotte? ...

17. Vorhersage für 2354 bis 2378 (nicht einheitlich)

17.1 Probleme im All

2354: Unglück auf einer der Sonnen, die der Mensch erschaffen hat, Dürre. (F)

2354/2354: An accident on the artificial sun will result in more drought (AE/NYP).

2354: Unfall auf der künstlichen Sonne. Es entsteht Dürre. (P)

Gibt es nun eine oder mehrere Kunstsonnen? Die leuchten ja schon seit 2100 und sind nun wohl etwas anfällig. Vermutlich zu heiß, da Dürre ja von Hitze kommt.

17.2 Hunger

2371: Hungerkatastrophe auf der ganzen Welt. (P)

17.3 Schon wieder eine neue Rasse

2378: Neue schnell wachsende Rasse (F)

2378: Eine neue, schnell wachsende Menschenrasse entsteht. (P)

18. VORHERSAGE FÜR 2480 BIS 3797 (ALLE QUELLEN)

18.1 Erneute Probleme mit den Kunstsonnen

2480: Zusammenstoß der zwei künstlichen Sonnen, die Erde ist im Dunkeln (F)

2480: Kollision von zwei künstlichen Sonnen. Das Tageslicht verschwindet, bis die Sonnen wiederhergestellt sind. (P)

2480/2480: Two artificial suns will collide and leave the Earth in the dark. (AE/NYP)

Es ist immer noch nicht klar, wie viele Kunstsonnen es gibt und offensichtlich sind sie immer noch anfällig. Dauerhafte Dunkelheit ist schlecht für die Vegetation!

18.2 Krieg auf dem Mars

3005: Krieg auf dem Mars (F)

3005: Schwerer Bürgerkrieg auf dem Mars. (P)

3005/3005: A war on Mars will change the trajectory of the planet. (AE/NYP)

Nach dem bereits erwähnten Atomkrieg und Kampf um die Unabhängigkeit geht es also weiter mit dem Krieg.

18.3 Kometeneinschlag auf dem Mond

3010: Kometeneinschlag auf dem Mond. Um die Erde bildet sich ein Gürtel aus Staub und Steinen (F)

3010: Ein riesiger Komet streift den Mond. Rund um die Erde schwebt viel Dreck und Stein. (P)

3010/3010: A comet will hit the moon. The Earth will be surrounded by a ring of rock and ash. (AE/NYP)

Kometeneinschläge kommen häufig vor und sind natürlich möglich, es muss aber heftig scheppern, wenn die Erde gleich in einer Staubwolke sitzt.

18.4 Die Menschen verlassen das Sonnensystem

3797: Bis zu dieser Zeit wird alles Leben auf der Erde sterben, aber die Menschen werden alles Nötige einsammeln, um in einem neuen Sonnensystem den Neuaufbau zu beginnen. (F)

3797: Die Erde ist unbewohnbar geworden. Die wenigen überlebenden Menschen siedeln auf einen anderen Planeten um. (P)

3797/3797: By this time, everything on Earth will die. However, human civilization will be advanced enough to move to a new star system. (AE/NYP)

Schade, dass nicht erwähnt wird, welche Planeten die Menschen besiedeln, bevor sie hier alles stehen und liegen lassen, um das Sonnensystem zu verlassen. Oder setzen sie sich einfach in viele Raumschiffe und fliegen planlos durchs All? Schwer vorstellbar nach der Leistung, die sie bisher gebracht haben. Aber leider auch ohne konkrete Hinweise nicht näher beurteilbar.

Nun wäre man ja theoretisch am Ende der Vorhersagen angelangt, denn wenn der Mensch das Sonnensystem verlässt, ist es wirklich mit dem Leben auf der Erde zu Ende. Aber nicht mit dem Leben der Menschheit, wo auch immer sie sich jetzt befinden. Zum Glück haben wir darüber weitere Informationen:

19. Vorhersage bis 5079 (Ende der Welt; nur noch in zwei Quellen, größtenteils übereinstimmend)

19.1 Leben auf einem neuen Planeten

3803: Das Leben auf dem neuen Planeten ist schwer. Die Menschen haben keinen Kontakt zueinander. Aufgrund der klimatischen Verhältnisse mutieren sie. (P)

3803: A new planet is populated by little. Fewer contacts between people. Climate new planet affects the organisms of people – they mutate. (AE)

Die (wenigen) Menschen sind also auf einem einzigen neuen Planeten. Und haben keinen bzw. in der englischen Version weniger Kontakt zueinander. Worauf begründet sich das? Schade, dass es zu wenige Informationen gibt.

19.2 Krieg und Neubeginn in der Steinzeit

3805: Auf dem neuen Planeten bricht ein Krieg um Ressourcen aus. (P)

3805: The war between humans for resources. More than half of people dying out. (AE)

3815: Der Krieg ist beendet. (P)

3815: The war is over. (AE)

3854: Die Menschheit ist in die Steinzeit zurückgefallen. Menschen leben wie Tiere. (P)

3854: The development of civilization virtually stops. People live flocks as beasts. (AE)

Die Menschen haben sich mit höchster Technik auf einen Planeten gerettet, auf dem es nicht genügend Ressourcen gibt, auf dem sie kaum Kontakt zueinander haben und auf dem sie gleich wieder einen Krieg anzetteln, der so schlimm ist, dass er sie in die

Steinzeit zurück katapultiert? Das haben sie ja fein hinbekommen. Könnte es sich damals auf unserer Erde auch so abgespielt haben?

19.3 Neuer Prophet, neue Religion

3871: Es erscheint ein neuer Prophet, der die Menschen über Moral und Werte belehrt. Die Menschen werden wieder religiös. (P)

3871: New prophet tells people about moral values, religion. (AE)

3874: Alle Menschen sind der neuen Religion beigetreten. (P)

3874: New prophet receives support from all segments of the population. Organized a new church. (AE)

Die Menschen hausen wie die Tiere und treten erst einmal einer neuen Sekte bei? Ok, müssen wir so stehen lassen.

19.4 Die Außerirdischen eilen zur Hilfe

3878: Der Prophet bringt den Menschen das verloren gegangene Wissen wieder bei. Die Außerirdischen helfen ihm dabei. (P)

3878: Along with the Church to re-train new people forgotten sciences. (AE)

Interessanterweise arbeitet der Prophet mit den Außerirdischen zusammen. Nach der Prä-Astronautik war es damals auf der Erde ähnlich – die außerirdischen Raumfahrer haben die Erdlinge aus der Steinzeit befreit und ihnen geholfen, sich weiter zu entwickeln ...

19.5 Wiederaufbau

4302: Die Menschen bauen wieder Städte. Technologien und Wissenschaften kommen wieder. (P)

4302: New cities are growing in the world. New Church encourages the development of new technology and science. (AE)

4302: The development of science. Scientists discovered in the overall impact of all diseases in organism behavior. (AE)

19.6 Heilung aller Krankheiten

4304 : Jede Krankheit kann geheilt werden. (P)

4304: Found a way to win any disease. (AE)

19.7 Moralischer Fortschritt

4308: Die Menschheit erreicht eine völlig neue Stufe der Moral. Menschen verlernen die Gefühle Wut und Hass. Es gibt keine Streits und Kriege mehr. (P)

4308: Due to mutation people at last beginning to use their brains more than 34%. Completely lost the notion of evil and hatred. (AE)

19.8 Kontakt zu Gott

4509: Die Menschheit ist so weit fortgeschritten wie noch nie. Es ist möglich, persönlichen Kontakt mit Gott aufzunehmen. (P)

4509: Getting to Know God. The man has finally been reached such a level of development that can communicate with God. (AE)

19.9 Unsterblichkeit

4599: Die Medizin ist so weit fortgeschritten, dass Menschen unendlich lange leben können. (P)

4599: People achieve immortality. (AE)

19.10 Vermischung mit Außerirdischen

4674: Die Entwicklung der Menschheit erreicht die Spitze. Auf dem Planeten leben 340 Milliarden Menschen. Außerirdische immigrieren auf den Planeten und assimilieren sich dort. Es entstehen Mischehen zwischen Menschen und Außerirdischen, Mischlinge werden geboren. (P)

4674: The development of civilization has reached its peak. The number of people living on different planets is about 340 billion. Assimilation begins with aliens. (AE)

19.11 Das Ende des Universums wird gefunden

5076: Die Menschen finden das Ende des Universums. (P)

5076: A boundary universe. With it, no one knows. (AE)

Ein Ende oder eine Grenze des Universums? Eigentlich haben wir schon in der Schule gelernt, dass das All sich seit dem Urknall ständig ausdehnt, wir also gar nie an seine Grenzen gelangen können.

Es hat möglicherweise zwar nur eine „endliche" Ausdehnung, aber wir können nicht an sein Ende gelangen – wie wenn wir auf der Erde entlanglaufen. Die Erde ist „endlich", aber wir würden auf der Oberfläche endlos dahinlaufen und keine „Grenze" finden.

19.12 Die Grenze des Universums wird überschritten

5078: Es wird entschieden, die Grenzen des Universums zu überschreiten, obwohl 40 Prozent der Bevölkerung dagegen ist. (P)

5078: The decision to leave the boundaries of the universe. While about 40 percent of the population is against it. (AE)

Da das Universum also keine Grenzen haben sollte, weil es ein offenes Universum ist, das sich ständig mit wachsender Geschwindigkeit weiter ausdehnt, sollten wir kein Ende finden und auch diese Grenze nicht überschreiten können.

Denkbar wäre es, dass es sich dabei um die Grenze in eine andere Dimension oder ein anderes Universum handelt, denn in der Wissenschaft wird die Theorie der Paralleluniversen und Multiversen diskutiert, die wie die Schaumblasen in einer Badewanne gleichzeitig existieren. Ob die Menschheit also wohl im Jahr 5078 den Sprung in eine andere Blase wagt? Darüber können wir heute natürlich nichts sagen.

19.13 Ende der Welt

5079: Weltuntergang. (P)

5079: End of the World. (AE)

Wenn wir die Grenzen des Universums überschreiten oder durchbrechen oder die Dimensionen wechseln, so ist dafür die Bezeichnung „Weltuntergang" vielleicht nicht ganz richtig. Die Erde haben wir ja schon verlassen, unsere „Welt" ist damit schon lange dahin und das neue Zuhause im neuen Sonnensystem geht ja nicht unter, sondern wird von uns mehr oder weniger freiwillig verlassen.

Wenn wir also aufbrechen und weiterreisen – wo landen wir dann? Schade, dass die Prophezeiung dies nicht aufgreift.

Fortführende Infos mit guter Erklärung dazu gibt es übrigens hier: http://abenteuer-universum.de/kosmos/grenzen.html

Nun haben wir die Liste der Vorhersagen beleuchtet und auf die theoretischen Möglichkeiten hin abgeklopft. Wie sich herausgestellt hat, sind einige Dinge bei näherer Betrachtung nicht mehr so utopisch, sondern sie werden schon lange erforscht oder sind teilweise umgesetzt. Zu vielen Themen gibt es seit einiger Zeit auch Infos im Internet zu finden.

Dies erklärt jedoch noch nicht, ob die Quelle hinter diesen Listen tatsächlich Baba Wanga war – egal, wie möglich oder unmöglich die angekündigten Ereignisse auch erscheinen mögen.

Es ist allerdings schwer feststellbar, wo der Ursprung der unzähligen und viel zitierten und falsch weitergegebenen und neu übersetzten oder schlicht erfundenen Listen liegt. Vor allem, wenn man bulgarische und russische Quellen nicht prüfen kann.

Doch zum Glück konnte mich hier mein Kollege Alexander Popoff tatkräftig unterstützen. Er teilte mir folgendes Ergebnis mit:

„Krasimira Stojanowa is a niece of Vanga and as far as I know her books are a reliable source of information about Vanga. There is a long list on the Internet pretending to be Vanga's predictions but it is fake. Some Russians made this list."

Damit wäre das auch geklärt. Und unser Ausflug war zwar recht interessant, aber leider überflüssig. Es scheint, dass die Listen von jemandem zusammengestellt worden sind, der sich wissenschaftlich auskennt oder sich gerne mit Science-Fiction beschäftigt, und der einige interessante und durchaus möglich erscheinende Entwicklungen zusammengestellt hat.

Sollte sich wider Erwarten herausstellen, dass einiges davon DOCH von Baba Wanga stammt, dann scheint sie ja tatsächlich ein Händchen für die aktuellen Themen gehabt zu haben.

Schauen wir uns aber jetzt lieber noch einige Themen an, die von ihr stammen und die auch bereits eingetroffen sind:

6.3 Weitere Vorhersagen von Baba Wanga, die teilweise bereits eingetroffen sind und die weder im Buch noch auf der Liste stehen:

Es geistern noch weitere Berichte durchs Netz, die sich darauf berufen, dass Wanga dies oder jenes vorhergesagt hat, manchmal mit einem Zitat ihrer angeblichen Originalworte, doch wann sie diese zu wem gesagt hat, steht nicht dabei. In den deutschen Berichten wird diesbezüglich auf Recherchen und Infos der englischen Zeitungen The Daily Mail oder Express verwiesen.

Schauen wir uns beispielhaft die Themen an, zu denen sie sich angeblich noch vorausschauend und korrekt geäußert haben soll:

Wanga sagte die Terroranschläge vom 11. September 2001 auf das WTC voraus, als sie sagte, dass die amerikanischen Brüder unter Angriffen von Vögeln aus Stahl fallen würden.

Die „Pravda" vom 03.02.2006 berichtet dazu den Wortlaut der Vorhersage: *„Horror, horror! The American brethren will fall after being attacked by the steel birds. The wolves will be howling in a bush, and innocent blood will be gushing." (1989)*

Abb. 31: Luftaufnahme des New Yorker World Trade Centers im März 2001

Sie sah den Tod von Prinzessin Diana voraus (Diana Frances Spencer, * 1. Juli 1961 in Sandringham, Norfolk, England; † 31. August 1997 in Paris, Frankreich)

Diana war die Frau von Prince Charles und die „Königin der Herzen". Sie starb bei einem Unfall, der den Paparazzi zugeschrieben wird, eine Verschwörungstheorie besagt jedoch, dass sie vom Königshaus ermordet wurde.

Abb. 32: Lady Di 1995

Vanga prophezeite den Untergang des U-Boots Kursk,

„An der Wende des Jahrhunderts, im August 1999 oder 2000 wird die Kursk mit Wasser bedeckt sein, und die ganze Welt über sie weinen." (1980).

Abb. 33: Das Schwesterschiff Omsk (K-186)

Und im August 2000 sank bei einem Unfall das U-Boot Kursk und alle an Bord starben.

Die K-149 Kursk war ein russisches Atom-U-Boot Baujahr 1990, das im Jahr 2000 in der Barentssee sank. Auslöser war vermutlich ein technischer Defekt, der zu einer Explosion führte.

Das russische Militär vermutete zunächst einen Angriff. Zögerliche und fehlgeschlagene Rettungsversuche führten schließlich dazu, dass das U-Boot sank und die Besatzung starb.

Die Besatzung hatte sich zwar zunächst in einen gesicherten Bereich retten können, erstickte jedoch nach kurzer Zeit, was man aus dem Abschiedsbrief entnehmen konnte, den einer der 23 Besatzungsmitglieder zurückgelassen hatte.

Vertiefend hierzu berichtete die „Pravda" vom 03.02.2006:

„Her most shocking prediction was made in 1980. The blind old woman said: „At the turn of the century, in August of 1999 or 2000, Kursk will be covered with water, and the whole world will be weeping over it."

The prediction did not make any sense back then. Twenty years on, it made a horrifying sense. A Russian nuclear submarine perished in an accident in August of 2000. The sub was named after the

city of Kursk, which by no means could have been covered with wa-
ter."

„*Vanga hat einen schwarzen Mann vorausgesagt, der der 44. US-*
Präsident (nach George Bush) werden wird, und dieser Präsident
wird der letzte sein, weil Amerika erstarren oder in der Wirtschaft
niedergehen wird. Die USA können sich wahrscheinlich in die Nord-
und Südstaaten teilen", schreibt Dobryach Ok.

(Anmerkung: wer diese Person ist, konnte ich im Netz leider
nicht feststellen, vermutlich ein Reporter aus den genannten englischen Zeitschriften)

„*Nach 2000 gibt es keine Flut mehr, sondern wir werden Frieden*
und Wohlstand sehen", sagte Vanga. *Aber die Menschheit muss die*
Führung dieser messianischen Persönlichkeit erkennen und akzep-
tieren.

Baba Vanga gibt einige Hinweise, die uns helfen, diesen „*Frie-*
densstifter" *zu erkennen, der in ihren Worten* „*den dauerhaften*
Frieden signalisieren wird. Sie sagt klar, dass „*eine neue Religion die*
Erde wie durch einen Sturm erobern wird."

„*Christus wird als Friedensstifter zurückkehren*" *und alle Reli-*
gionen vereinigen. Er wird eine Welt-Autobahn mit superschnellen
Zügen bauen, prognostiziert Vanga, und alle Barrieren und Ressen-
timents lösen, indem er die Ehe verwendet, um Frieden und Liebe zu
fördern, wo es vorher Hass gegeben hat.

(Quelle: http://herz-des-menschen.blogspot.de/2012/03/baba-vanga-
hat-prophezeit-der-44-us.html)

Sie sah auch den verheerenden Tsunami von 2004 voraus und das
Reaktorunglück von Fukushima 2011 (siehe folgende Bilder).

*Abb. 34: Auftreffen des Tsunamis vom 26. Dezember 2004
auf die Küste Thailands*

*Abb. 35: Satellitenfoto der Reaktorblöcke 1 bis 4 (von rechts nach
links) am 16. März 2011 nach mehreren Explosionen und Bränden*

Die Reaktorkatastrophe war eine Reihe von schweren Störfällen im japanischen Kernkraftwerk Fukushima Daiichi. Die Katastrophe begann am 11. März 2011 infolge eines Erdbebens. Gleichzeitig kam es in 4 von 6 Reaktorblöcken zu einer Zerstörung und Freisetzung großer Mengen von radioaktivem Material, das ins Meer, die Erde und die Luft freigesetzt wurde. In Block 1-3 kam es zu Kernschmelzen.

Trotz der extremen Radioaktivität und Räumung des Gebietes verblieben mehrere Hundert Arbeiter weiterhin im Kraftwerk, denn nur Facharbeiter konnten die Probleme unter Kontrolle bekommen. Diese Männer wurden als Helden gefeiert – und bezahlten ihren Einsatz mit dem Leben. (Quelle: Die WELT „Wird Europa aufhören zu existieren?")

Und es gibt noch viele, viele weitere, (noch) nicht überprüfbare Vorhersagen dieser Art, die wir hier gar nicht abschließend aufführen können.

6.4 Verwechslungen mit anderen Propheten? Oder absichtlicher Betrug? Noch ein Beispiel:

Eine andere Frage ist, ob es Verwechslungen oder Vermischungen mit Vorhersagen anderer Prophetinnen geben könnte, die vielleicht weniger treffsicher waren?

Es gibt auf YouTube ein Video von einem Interview mit der „serbischen Hexe" Kristina Baljic, die dem Kamerateam erzählt, dass „die zwei Brüder fallen werden, auf einem anderen Kontinent." Dies erinnert an die Vorhersage, die Baba Wanga getroffen haben soll.

Youtube: https://www.youtube.com/watch?v=4GUkReewYJU

1993 fährt ein Kamerateam in das Krisengebiet und befragt die alte Dame. Das Video ist nur mit Untertiteln zu sehen, in Originalsprache. Die merkwürdigen Formulierungen könnten also nicht von der serbischen Hexe, sondern vom Übersetzer stammen

– und dasselbe Problem gibt es möglicherweise auch bei Berichten von Wanga ?!?!

„Der König der Herzen wird fallen. Die zwei Brüder werden verschwinden, dieses geschieht nicht in unserem Land, einen anderen Kontinent sehe ich, weit weg von hier" – *„Welche zwei Brüder?"* – *„Weiß ich nicht, weit weg sie sind, verbrannt sein sie werden."* (erinnert von der Satzstellung an Yoda aus den Star Wars) –

„Und der König?" – *„Der König! Verschwunden er ist, er ist nicht mehr!"*- *„Wann soll das sein?"* – *„Ich sehe nur Zahlen, Zahlen, zwei, null, null, neun, mehr kann ich nicht sagen, weiß ich nicht, weiß ich nicht."* – *„Und was soll da passieren? Zwei, null, null, neun?"* –

„Gefunden wird was werden, von mehr als Dreien, ein Geheimnis wird sein in den Bergen. Wird dies etwas sein für die Menschen? Kann man nicht sagen" – *„Was wird man finden?"* – *„Gefunden wird ein dunkles Geheimnis, keiner weiß, ob man damit etwas Gutes machen kann. Weiß ich nicht, weiß nicht, wie das enden wird. Weiß es nicht, weiter kann ich nichts sagen."* (...)

„Was können Sie uns noch sagen über das Jahr 2009?" – *„Weiß ich nicht, bin nicht sicher, aber ich sehe wieder Zahlen. Wenn die, die mehr sind als Drei, es finden, und es schaffen zu bewahren, dann werden viele Erneuerungen stattfinden. Große Erneuerungen. Ich sehe eine Zahl, zwei, null, eins, zwei."*

Als der Reporter dann noch mal nach dem Fund von 2009 fragt, bricht sie das Interview unvermittelt ab und bittet ihn, zu gehen, da sie alt und müde ist.

Die Geschichte über die Entstehung des Videos nebst kurzer Biografie der serbischen Hexe und dem kompletten Aufschrieb der Original-Untertitel findet sich hier:

http://serbischehexe.npage.de/1993.html

Wie in einschlägigen Foren diskutiert wird, handelt es sich bei dem Video um ein Fake. Ein Beweis dafür, dass es ein Fake ist und von wem er stammt, wird nicht angegeben. Einigen reicht die Vermutung, dass die Dame im Video stark geschminkt sein muss und eine Maske trägt, da sie wenig Mimik aufweist.

Wir müssen also davon ausgehen, dass die Informationen und Vorhersagen, die mit Baba Wanga in Verbindung gebracht werden, nachträglich erfunden und teilweise mit falschen Beweisen unterlegt wurden. Warum? Um auf die ein oder andere Art Werbung zu bekommen, Geld zu machen oder auch die Prophetin zu denunzieren?

Fälschungen jeglicher Art kommen natürlich den Skeptikern gerade recht. Doch auch sie sollen noch zu Wort kommen.

TEIL 7: Skeptische Stimmen

Wir haben also bisher eine Menge tatsächlicher Vorhersagen, die von Wanga stammen und die auch im persönlichen Leben unzähliger Menschen eingetroffen sind – was der Grund war, dass Baba Wanga als Prophetin überhaupt verehrt wurde. Ein Hellseher mit mittelmäßiger bis schlechter Trefferquote könnte nicht annähernd einen solchen „Hype" auslösen, wie Wanga es getan hat.

Doch wenn wir im Nachhinein seitenweise angebliche Prophezeiungen finden, von denen man nicht sagen kann, woher sie tatsächlich stammen oder von denen bereits erwiesen ist, dass sie gefälscht wurden, dann brauchen wir uns um die bisher noch nicht eingetroffenen Vorhersagen nicht weiter zu kümmern. Sie würden dann höchstens zufällig eintreffen – und wer von uns wird schon dabei sein, wenn 5079 das Ende der Welt naht?

Doch es geht ja in diesem Buch um Baba Wanga und ihre Fähigkeiten und nicht um die nachträglich gefälschten Quellen, denen man zu Recht misstrauen darf. Die Skeptiker müssen diese Dinge also trennen. Ihre Bedenken sollten sich also begründet dagegen richten, dass Wanga prophetische Fähigkeiten hatte und dass die Vorhersagen nicht eingetroffen sind.

Eine rein gefühlsmäßige Skepsis gegenüber grundsätzlicher jeder Art von Wahrsagerei ist hier natürlich nicht ausreichend, es sollte schon etwas mehr Substanz oder eine gute Begründung vorliegen.

Wollen wir uns also noch beispielhaft ansehen, was die Skeptiker gegen Wanga vorzubringen haben, denn auch sie haben ein Anrecht darauf, hier gehört zu werden, damit wir abschließend ein Gesamtbild über Baba Wanga erhalten können. Besonders aussagekräftig sind die Stimmen derer, die ebenfalls aus eigener Erfahrung etwas zu Baba Wanga sagen können und die nicht nur Vermutungen oder grundsätzliche Ablehnungen postulieren.

Einer der Skeptiker, die wir dazu nachlesen können, ist Todor Ovtcharov, der Baba selbst kannte. Er sagt:

„Ich kann mich an Baba Vanga schon in meiner Kindheit erinnern. Sie war oft im Fernsehen zu sehen. Sie sprach in schwammigen Metaphern und mit einem sehr starken Dialekt und ich verstand kaum, was sie sagte. Aber als ihr blindes Gesicht im Fernsehen erschien, hörten ihr alle zu. Alle warteten auf die nächste Prophezeiung.

Sie wollten wissen, wann der Übergang vom Sozialismus in den Kapitalismus vollendet sein wird, wann die Strompreise erhöht werden und ob die bulgarische Fußballnationalmannschaft das nächste Spiel gewinnen wird.

Die Erwachsenen deuteten ihre Worte immer anders und immer ihren eigenen Wünschen nach. Doch der Glaube, dass alles vorgeschrieben ist, dass eine unsichtbare Kraft unser Leben leitet, schien den Menschen zu helfen."

(Quelle: http://fm4.orf.at/stories/1765426/)

Stephen Kienzler berichtet im Rupite Journal:

„Inaccurate predictions, like her vision that the World Cup soccer final last year would be played between „two teams beginning with B," are quickly forgotten. One finalist was Brazil, but Bulgaria was eliminated by Italy in the semifinals." (Rupite Journal 05.04.1995)

„Although Vanga's visitors come from as far away as Japan and South America, some of her neighbors are skeptical. „Local people don't believe in her," said a peasant woman walking through the streets of Petric, a nearby town.

„She just looks at you, asks you what's wrong and then repeats phrases she has memorized. A lot of what she does is for money. And the way she talks is vulgar. She uses words that no woman should use, especially not a godly person."

Such doubting, however, evidently has no effect on Vanga's legion of admirers." (Rupite Journal 05.04.1995)

Wenn wir davon ausgehen, dass die Aussagen der Herrschaften richtig sind, hat sich Wanga nur schwammig und unklar ausgedrückt, was für den Klienten einen gewissen Interpretationsspielraum lässt. Tatsächlich wäre es daher möglich, dass die Menschen im Nachhinein die Worte so zurechtgebogen haben, dass sich daraus eine erfüllte Prophezeiung ergibt.

Dagegen sprechen allerdings die von Frau Stojanowa zitierten Vorhersagen, die sich korrekt und stimmig anhören und die nicht viel Spielraum bieten. Es kann nur vermutet werden, dass Hellseher manchmal bei der Beschreibung von Bildern und Visionen Probleme haben, diese in Worte zu fassen. Es liegt also nicht daran, dass sie es vor ihrem inneren Auge nicht richtig sehen, sondern dass sie nicht in der Lage sieht, das Gesehene korrekt wiederzugeben. Dadurch ergeben sich schwammige Aussagen.

Dass sie sich getäuscht hat bei einer Vorhersage des Endspiels reicht für einen Skeptiker sicherlich aus, um die Gesamtleistung infrage zu stellen. Aber da wir wissen, dass Baba Wanga „nur" eine Trefferquote von 80% erreicht hat, ist es daher logisch, das 20% ihrer Vorhersagen schlicht falsch waren. Dieses eine Beispiel alleine würde also nicht reichen, um sie komplett zu diskreditieren.

Die Aussage der interviewten Dame bietet allerdings gleich mehrere Ansatzpunkte: Die örtliche Bevölkerung glaubt also nicht an Wangas Prophezeiungen.

Das ist seltsam, da sie ihren Nachbarn ja bereits in Kriegszeiten korrekt vorhersagen konnte, wer zurückkehren wird und wer nicht, da sie vermisste Personen und Tiere wieder finden konnte und viele Menschen geheilt hat. Immerhin hat sie für diese Taten eine Staatstrauer nebst riesiger Beerdigung erhalten. Dafür, dass sie unglaubwürdig war? Zumindest seltsam.

Außerdem bringt die Dame das Argument, dass Wanga die Leute ansieht (was sicher für eine blinde Frau eine ungeeignete Wortwahl ist) und nachfragt, was für ein Problem sie haben, um anschließend mit Phrasen zu antworten, an die sie sich von irgendwann her erinnert.

Ein mögliches Problem ist sicherlich, dass Wanga, die ja sagt, dass sie die Leute durchschaut und dass vor ihr deren komplettes Leben offen liegt, herausfinden muss, welche Antwort für welches Anliegen die Leute von ihr haben wollen.

Sicherlich hat jemand gleichzeitig gesundheitliche, finanzielle und emotionale Probleme, möglicherweise ist er aber in just diesem Moment wegen einer schweren Krankheit da, nach der er fragen möchte und nicht wegen seines Liebeskummers. Eine Rückfrage vonseiten Wangas ist daher zulässig.

Problematisch wird es, wenn die Menschen ihr bereits alles haarklein erzählen, sodass sie keinerlei Hellsicht besitzen muss, um sich eine Antwort aus dem Gehörten zurechtzulegen.

Und vermutlich ist es das, was die interviewte Dame anspricht und bemängelt. Die Leute erzählen zu viel und schütten Wanga womöglich ihr Herz aus, sodass im Nachhinein nicht feststellbar ist, wie viel Wanga auch ohne diese Auskunft gewusst hätte. Das wäre ganz klar ein Problem und aus Sicht eines Skeptikers ein Grund, der gegen Wangas Fähigkeiten sprechen könnte.

Als Nächstes wird bemängelt, dass Wanga für ihre Hilfe Geld nimmt. Nun, jeder Selbstständige oder Dienstleister, auch ein Arzt, berechnet den Klienten ein Honorar. Eine Frau, die täglich 24 Stunden für andere Menschen da ist, kann nicht zusätzlich einen weiteren Job ausüben – und besonders nicht als blinde Frau aus einfachen Verhältnissen.

Es ihr anzukreiden, dass sie sich für eine Vorhersage bezahlen lässt, ist kein geeigneter Kritikpunkt, um an ihren Fähigkeiten zu zweifeln. Wer von uns könnte wohl 24 Stunden täglich im Dienste seiner Mitmenschen karitativ tätig sein ohne jegliche finanzielle Zuwendung? Die Frage ist: Ist jemand, der Geld für seine Leistungen nimmt, also nicht in der Lage, korrekt die Zukunft vorherzusagen?

Und zu guter Letzt erwähnt die Dame noch, dass Wanga Worte in den Mund nimmt, die keine gottesfürchtige Frau von sich geben sollte. Dass Wanga sehr religiös war, haben wir schon gesehen und aus den Aufzeichnungen von Frau Stojanowa erfahren. Außerdem hat Wanga extra eine Kirche bauen lassen.

Es lässt sich schwer beurteilen, inwiefern Wanga schlimme Worte verwendet hat. Das wäre sicherlich in den TV-Übertragungen dem gesamten Volk aufgefallen. Angenommen, sie hätte wirklich unflätige Worte verwendet, dann wäre das auf jeden Fall ein unangenehmer Zug von ihr gewesen – aber würde das gleichzeitig bedeuten, dass jemand, der schimpft oder flucht oder sich vulgär ausdrückt, nicht hellsichtig ist? Und: Wir wissen gar nicht, um wen es sich bei dieser Dame handelt und ob sie überhaupt existiert ...

FAZIT

Ich habe mich auf die Suche gemacht nach den Hintergründen der Prophezeiungen einer Frau, die mir bis vor einigen Tagen noch gänzlich unbekannt war und über die man auf Deutsch und Englisch lange nicht so viele verwertbare Informationen findet wie auf Russisch oder Bulgarisch, was ich aber ohne fremde Hilfe nicht prüfen konnte.

Bei der Recherche habe ich unzählige Foren verfolgt und Leute befragt, die ich nicht mal alle mehr aufzählen kann und habe versucht, mehrere Dinge herauszufinden: War Baba Wanga hellsichtig? Wie gut war sie? Was hat sie alles gesehen? Was ist eingetroffen und was wird noch eintreffen?

Die Recherche gestaltete sich allerdings wegen der Sprachbarriere etwas schwierig und viele der als Referenz genannten Personen konnte ich nicht ausfindig machen. Gab es sie nicht? Oder waren sie falsch geschrieben aufgrund der Übertragung aus der kyrillischen Schrift? Sind Sie hier bei uns einfach weniger bekannt, sodass sich keine deutschen Einträge finden lassen?

Auch das Institut, in dem sie angestellt war, konnte ich in dieser Form nicht finden. Hieß es damals anders? War sie dort wirklich angestellt? Als was? Meiner Meinung nach war sie ein „Versuchsobjekt" zur Erforschung ihrer geistigen Fähigkeiten, aber keine „Angestellte", die dort einen Beruf ausgeübt hätte.

Die zuverlässigste Quelle ist selbstverständlich das Buch ihrer Nichte, die nahe an ihrer Tante dran war und alles direkt aufschreiben konnte, was sie selbst gehört und gesehen hat. Ein Skeptiker kann natürlich jederzeit einwenden, dass eine Verwandte im Zweifelsfall für ihre Angehörige aussagt oder alles erfindet, um Geld zu machen.

Die Dame hat allerdings ohnehin einen guten Beruf und keinen Grund, mit erfundenen Belegen Geld zu machen – vor allem waren ja stets so viele Verwandte, Nachbarn und Klienten bei Vorhersagen dabei, dass es schnell aufgefallen wäre, wenn alles nur gelogen wäre.

Einige Diskrepanzen, die aber an falschen Übersetzungen liegen können und fehlende Quellangaben haben mich ebenfalls gestört, da die Zuverlässigkeit der Angaben dann infrage steht. Dazu kommen noch die absichtlich gefälschten Quellen, die es zusätzlich erschweren, an korrekte Informationen zu kommen.

Es ist also durchaus zulässig, die Sache mit einer gewissen Skepsis zu betrachten.

Mein Fazit nach all diesen Recherchen kann natürlich nur subjektiv sein. Außerdem glaube ich grundsätzlich daran, dass es die Gabe der Hellsichtigkeit gibt und viele Menschen damit gesegnet sind. Einige davon kenne ich persönlich und konnte mich schon von ihren Fähigkeiten überzeugen. Ich habe also kein Problem damit, an Wangas Können zu glauben, wenn sie es wirklich hatte.

Man muss lediglich im Fazit die Aussagen, die zu Lebzeiten gut belegt wurden, von denen trennen, die im Nachhinein aus unbekannter Quelle ins Internet gestellt werden. Und die Aussage der Nachbarn berücksichtigen, die denken, dass Wanga den Menschen einfach nur gut zugehört und sich daraus eine passende Antwort gebastelt hat. Auf diesen Punkt bin ich ja im letzten Kapitel schon eingegangen.

Ich denke aber, dass diese Frau tatsächlich das Zweite Gesicht hatte und Dinge vorhersehen konnte. Möglicherweise war sie ein gutes Channeling-Medium, was die Hinweise auf den Reiter und die Außerirdischen andeutet. Diese Fähigkeiten existieren und müssen an sich nicht infrage gestellt werden.

Niemand hat eine Trefferquote von 100%, daher ist es auch völlig normal, dass nicht alles von dem, was sie gesehen hat, eingetroffen ist. Einige fehlende „Erfüllungen" sind also noch immer kein Grund, ihr nicht zu glauben.

Die „geistigen Führer" wie der Reiter oder auch die blau-weiß gekleidete Dame sind auch von anderen übersinnlich begabten Menschen überliefert und nicht ungewöhnlich. Möglicherweise hat sie aufgrund der Beschreibungen auch Kontakt zu Naturgeistern gehabt, die sie mehr mit ihrem Dritten Auge als ihren anderen Sinnen wahrgenommen hat.

Ähnlichkeiten mit den Beschreibungen von Edward Bulwer-Lytton oder Parallelen zu den Aussagen von Edgar Cayce könnten natürlich für Skeptiker ein Hinweis dafür sein, dass sie diese Dinge von ihren Besuchern aus aller Welt erfahren und „nachgeplappert" und möglicherweise auch an ihre eigenen Visionen angepasst hat.

Wer hellsichtig ist, hat so etwas allerdings nicht nötig und die Trefferquote bei einer vom Hörensagen erfahrenen angeblichen Vorhersage eines anderen Hellsichtigen könnte ziemlich heftig in die Hose gehen. Ich erwähne es nur der Vollständigkeit halber, um auch den Skeptikern Raum zu geben.

Dass auch mächtige Staatsmänner ihren Rat eingeholt haben, sollte ein zusätzliches Indiz für ihre Qualitäten sein. Man kann sich bei wichtigen politischen Entscheidungen nicht auf die Aussagen einer mäßig begabten Hellseherin verlassen, man braucht einen Profi. Und man hätte sie garantiert den Unmut bei einer falschen Aussage mit staatlicher Macht spüren lassen.

Dazu kommen die vielen Tausend Menschen, die von der ganzen Welt zu ihr gepilgert sind und die hinterher ihren Freunden, Verwandten und der Presse davon erzählt haben. Wären sie mit unklaren oder falschen Auskünften abgespeist worden, hätten sie dies sicher enttäuscht weitererzählt.

Ein weltweiter „shitstorm" wie man neudeutsch so schön sagt, hätte weitere Fans bestimmt davon abgehalten, selbst die Reise auf sich zu nehmen, um sich dann eine falsche Auskunft abzuholen.

Und denken wir an das große Begräbnis, welches zahllose Bewunderer und Freunde aus aller Welt herbeizog. Wenn mir ein ausländischer Wahrsager eine falsche Vorhersage macht, die nicht eintrifft, werde ich sicher nicht den langen Weg auf mich nehmen und auch noch an der Beerdigung teilnehmen.

Genaugenommen werde ich auch bei einer in der Nähe stattfindenden Beerdigung einer mir unbekannten Wahrsagerin, die ich einmal befragt habe, nicht anwesend sein. Was also hätte die Leute ausgerechnet zu einer Betrügerin auf die Beerdigung ziehen sollen?

Ich denke: Baba Wanga war sicherlich eine Prophetin, die aber mit den neusten Auswüchsen der ihr zugeschriebenen Vorhersagen nichts zu tun hat. Wir sollten also lieber nicht darauf warten, dass vieles davon auch eintrifft.

Quellenangaben

TEIL 1: Kurze Biografie von Wanga

1. Zur Person

Abb. 1: Obwohl er nicht sehr hoch ist, erhebt sich der Berg Kozhuh dominierend über die Umgebung (Navay, Petr Balej - Eigenes Werk, CC BY-SA 3.0, Quelle: https://de.wikipedia.org/wiki/Rupite#/media/File:Kozhuh-panorama.jpg)

Abb. 2: Wangas Wohnhaus in Petritsch (von: Vasilmitov - Eigenes Werk CC BY 3.0 Quelle: https://de.wikipedia.org/wiki/Baba_Wanga#/media/File:Gr_Petrich _kushtata_na_baba_Vanga_v_grada.jpg

2. Heim und Umfeld

Abb. 3: Straßenszene in Strumica, Ende des 19. Jahrhunderts, unbekannter Fotograf, gemeinfrei, Quelle: https://commons.wikimedia.org/wiki/File:Strumica_street.jpg

3. Ihre Erblindung

Abb. 4: Blick auf Novo Selo. Die Kleinstadt Novo Selo (Opština Novo Selo) in Mazedonien (CC BY-SA 2.0 de, Foto: pepsi, Quelle: https://commons.wikimedia.org/wiki/File:Novo_Selo_Mazedonien.jpg)

4. Erste berühmte Visionen

Abb. 5: Propagandameldung der deutschen Wehrmacht über den erfolgten Angriff der Luftwaffe auf Belgrad vom 6. April 1941. Der Adler No. 9, 29. April 1941 CC BY-SA 3.0 Quelle: https://commons.wikimedia.org/wiki/File:Bomben_auf_Belgrad_Operation_Strafgericht_6_April_1941.tif

*Abb. 6: Zar Boris III. Foto: Bulgarisches Staatsarchiv. Gemein-
frei, Quelle:
https://de.wikipedia.org/wiki/Boris_III._%28Bulgarien%29#/media/
File:BASA-3K-7-342-28-Boris_III_of_Bulgaria.jpeg*

*Text dazu:
Quelle:
(https://de.wikipedia.org/wiki/Boris_III._%28Bulgarien%29)*

*Abb. 7: Blick auf das Rila-Kloster vom Goljam Mramorec (2602
m), in dem Boris beigesetzt wurde. Foto: Ondra Jakšik, gemeinfrei,
https://de.wikipedia.org/wiki/Rila#/media/File:Blick_auf_das_Klost
er_Rila_vom_Goljam_Mramorec.jpg*

5. Staatliche Einmischung – keine Fotos

6. Wangas letzte Tage

*Abb. 8: Die Kirche Sweta Petka Balgarska in Rupite, Foto: Svilen
Enev, CC BY-SA 3.0
https://de.wikipedia.org/wiki/Baba_Wanga#/media/File:Rupite_Ch
urch_St._Petka_Bulgarska.JPG*

*Abb. 9: Petar Stojanow, gemeinfrei,
https://de.wikipedia.org/wiki/Petar_Stojanow#/media/File:Petar_st
oyanov.jpg*

TEIL 2: Prominente Besucher, prominente Vorhersagen

Indira Gandhi

*Abb. 10: Indira Gandhi, gemeinfrei
https://de.wikipedia.org/wiki/Indira_Gandhi#/media/File:Indira2.jp
g*

*Text: Buch „Wanga – das Phänomen" – Krasimira Stojanowa
https://de.wikipedia.org/wiki/Indira_Gandhi
http://www.fembio.org/biographie.php/frau/biographie/indira-
gandhi/*

http://www.mapsofindia.com/on-this-day/4th-october-1977-prime-minister-indira-gandhi-released-from-charges-of-political-corruption

Juri Gagarin

Drehbuchautor Julian Semjonowitsch

https://de.wikipedia.org/wiki/Julian_Semjonowitsch_Semjonow

Abb. 11: Juri Gagarin, russischer Kosmonaut und erster Mensch im All
https://de.wikipedia.org/wiki/Juri_Alexejewitsch_Gagarin#/media/File:Gagarin_in_Sweden.jpg

Text: https://de.wikipedia.org/wiki/Juri_Alexejewitsch_Gagarin

Text: http://www.pravdareport.com/science/mysteries/03-02-2006/75360-vanga-0/

Adolf Hitler

Abb. 12: Adolf Hitler 1933, CC BY-SA 3.0 Bundesarchiv, Bild 146-1990-048-29A
https://de.wikipedia.org/wiki/Adolf_Hitler#/media/File:Bundesarchiv_Bild_146-1990-048-29A,_Adolf_Hitler_retouched.jpg

TEIL 3: Wie hat Wanga geholfen?

Infos aus dem Buch von Krasimira Stojanowa – Wanga- das Phänomen

TEIL 4: Überprüfung von Wangas Fähigkeiten

https://de.wikipedia.org/wiki/Suggestop%C3%A4die

http://www.baba-vanga.com/

Abb.13 Georgi Losanow CC BY-SA 3.0, Georgi Lozanov taken at Inaugral conference of Lozanov International Trainers Association in Viktorsberg, Austria on 8th of May, 2008. Photo by Kaz Hagiwara

https://de.wikipedia.org/wiki/Georgi_Losanow#/media/File:Lozanov_2008_at_Viktorsberg.jpg

TEIL 5: Wanga und die Außerirdischen

Abb. 14 Mineralquellen Rupite, CC BY-SA 3.0
Original uploader was In-cognito at bg.wikipedia

https://de.wikipedia.org/wiki/Rupite#/media/File:Mineral-spring-Rupite.JPG

Abb. 15: Gefälschtes UFO-Bild, Stefan-Xp - Eigenes Werk, CC BY-SA 3.0

https://de.wikipedia.org/wiki/UFO#/media/File:UFO-Meersburg.jpg

Abb. 16: Das Hubble Ultra Deep Field (gemeinfrei)
ist ein Bild einer kleinen Himmelsregion aufgenommen vom Hubble-Weltraumteleskop über einen Zeitraum vom 3. September 2003 bis 16. Januar 2004. Dabei wurde eine Himmelsregion ausgewählt, die kaum störende helle Sterne im Vordergrund enthält. Man entschied sich für ein Zielgebiet südwestlich von Orion im Sternbild Chemischer Ofen.

https://de.wikipedia.org/wiki/Universum#/media/File:Hubble_ultra_deep_field.jpg

Abb. 17: Pete Conrad, commander of Apollo 12, stands next to Surveyor 3 lander. In the background is the Apollo 12 lander, Intrepid.

NASA, Alan L. Bean - page -
http://grin.hq.nasa.gov/ABSTRACTS/GPN-2000-001316.html image
- http://dayton.hq.nasa.gov/IMAGES/LARGE/GPN-2000-001316.jpg

Charles Conrad Jr., Apollo 12 Commander, examines the un-manned Surveyor III spacecraft during the second extravehicular activity (EVA-2). The Lunar Module (LM) „Intrepid" is in the right background. This picture was taken by astronaut Alan L. Bean, Lunar Module pilot. The „Intrepid" landed on the Moon's Ocean of Storms only 600 feet from Surveyor III. The television camera and several other components were taken from Surveyor III and brought back to earth for scientific analysis. Surveyor III soft-landed on the Moon on April 19, 1967.

https://en.wikipedia.org/wiki/Moon_landing#/media/File:Surve yor_3-Apollo_12.jpg

Abb. 18: Die „gekrönte Madonna", eine Marienfigur als zentraler Punkt im Heiligen Bezirk in Lourdes

https://de.wikipedia.org/wiki/Datei:Lourdes_gekr%C3%B6nte_ 08_2004.jpg

Eigene Aufnahme August 2004, Lizenz GNU FDL, Urheber: Schwarzwälder

https://de.wikipedia.org/wiki/Bernadette_Soubirous

Abb. 19: Madonna von Fatima, CC BY-SA 3.0
Photographer: © Manuel González Olaechea y Franco

https://de.wikipedia.org/wiki/Drei_Geheimnisse_von_F%C3%A1 tima#/media/File:Virgen_de_F%C3%A1tima.JPG

Abb. 20: Bulgarische Truppen während der Belagerung Adriano-pels (1913), gemeinfrei

https://de.wikipedia.org/wiki/Balkankriege#/media/File:Bulgari an_army_adrinople.jpg

TEIL 6: Weitere Vorhersagen damals und heute

http://www.j-lorber.de/gesund/selbsthilfetipps.htm

https://de.wikipedia.org/wiki/Indigo-Kinder

https://de.wikipedia.org/wiki/Zwiebel

https://de.wikipedia.org/wiki/Knoblauch

https://de.wikipedia.org/wiki/Pfeffer

Abb. 21: Eine Hauptursache des Bienensterbens in Deutschland ist der Befall mit Varroamilben (hier auf dem Körper einer Honigbiene), gemeinfrei

https://de.wikipedia.org/wiki/Colony_Collapse_Disorder

https://de.wikipedia.org/wiki/Colony_Collapse_Disorder#/media/File:Varroa_destructor_on_honeybee_host.jpg

Abb.22: Ein Glas Kuhmilch, Stefan Kühn, eigenes Werk, CC-BY S.A. 3.0

https://de.wikipedia.org/wiki/Milch#/media/File:Milk_glass.jpg

Abb. 23: Gold-Nuggets. Oben: Aus Washington, Kalifornien. Unten: Aus Victoria (Australien)

https://commons.wikimedia.org/wiki/File:Native_gold_nuggets.jpg gemeinfrei

This work has been released into the public domain by its author, Aramgutang at English Wikipedia. This applies worldwide.

Abb. 24: Artemisia Annua (einjähriger Beifuß), CC BY-SA 3.0

Kristian Peters -- Fabelfroh 11:39, 16 September 2007 (UTC) – photographed by Kristian Peters

https://de.wikipedia.org/wiki/Einj%C3%A4hriger_Beifu%C3%9F#/media/File:Artemisia_annua.jpeg

http://www.raumschiff-erde.info/page3.php

http://www.oekosystem-erde.de/html/klimawandel-02.html

http://www.k-wie-krebs.de/heilung-bei-krebs.htm

http://www.epochtimes.de/gesundheit/medizin/intelligente-krebstherapie-aus-der-chinesischen-medizin-a513118.html

http://phantho.de/edgar-cayce.html

Abb. 25: Moskau, die Hauptstadt Russlands und größte Stadt Europas, Foto: Christophe Meneboeuf, CC BY-SA 3.0, https://de.wikipedia.org/wiki/Russland#/media/File:RedSquare_%2 8pixinn.net%29.jpg

Listen der Prophezeiungen:

http://www.focus.de/politik/videos/die-vorhersagen-der-baba-wanga-blinde-prophetin-sagte-den-is-voraus-und-ein-datum-fuer-das-ende-der-mensch-heit_id_5149988.html?utm_source=facebook&utm_medium=social &utm_campaign=facebook-focus-online&fbc=facebook-focus-online&ts=201512121232

http://ancientexplorers.com/blog/the-chilling-predictions-of-baba-vanga-with-80-accuracy/

http://www.politikforen.net/showthread.php?159611-Vorhersagen-der-bulgarischen-Hellseherin-Wanga-Die-Menschheit-vom-Jahr-bis-2018-bis-zum-Jahr-5079

http://herz-des-menschen.blogspot.de/2012/03/baba-vanga-hat-prophezeit-der-44-us.html

http://www.pravdareport.com/science/mysteries/03-02-2006/75360-vanga-0/

https://www.zamg.ac.at/cms/de/klima/informationsportal-klimawandel/klimasystem/antriebe/astronomische-zyklen

http://info.kopp-verlag.de/neue-weltbilder/neue-wissenschaften/andreas-von-r-tyi/schwedische-forscher-neue-energiequelle-entdeckt-.html

http://deutsche-wirtschafts-nachrichten.de/2013/12/28/wissenschaftler-zuechten-kuenstliche-herzen-und-lungen/

http://www.zeit.de/2015/33/biotechnologie-organe-zuechten-tissue-engineering

Abb. 26 HAARP-Empfangsanlagen zur Ionosphärenbeobachtung

https://de.wikipedia.org/wiki/High_Frequency_Active_Auroral_Research_Program

https://de.wikipedia.org/wiki/High_Frequency_Active_Auroral_Research_Program#/media/File:OptPad.jpg

Foto von HAARP, CC BY 3.0

Source: http://www.haarp.alaska.edu/haarp/photos.html

https://de.wikipedia.org/wiki/Progerie

http://psylex.de/stoerung/ptbs/folgen/alterung-sterblichkeit.html

http://www.aachener-zeitung.de/lokales/juelich/groesste-kuenstliche-sonne-entsteht-in-juelich-1.1055140

http://www.focus.de/wissen/mensch/fusion-von-mensch-und-maschine-wissenschaftler-aus-israel-gottaehnliche-cyborgs-sind-die-zukunft-der-menschheit_id_4706519.html

Abb.27 Radioteleskop am Green-Bank-Observatorium

https://de.wikipedia.org/wiki/Search_for_Extraterrestrial_Intelligence#/media/File:GBT.png

Author: Geremia at English Wikipedia, gemeinfrei

Abb. 28 Cheiron lehrt den jungen Achilleus. (Altrömisches Fresko aus dem Augusteum in Herculaneum, Archäologisches Nationalmuseum Neapel)

https://de.wikipedia.org/wiki/Cheiron#/media/File:Chiron_instructs_young_Achilles_-_Ancient_Roman_fresco.jpg, gemeinfrei

http://www.mars-one.com/

Abb. 29 Mars in natürlichen Farben, die Daten für das computergenerierte Bild wurden im April 1999 mit dem Mars Global Surveyor aufgenommen

https://de.wikipedia.org/wiki/Mars_%28Planet%29#/media/File:Water_ice_clouds_hanging_above_Tharsis_PIA02653_black_background.jpg

https://de.wikipedia.org/wiki/Venuskolonisation

Abb. 30 Venus in natürlichen Farben, aufgenommen von Mariner 10

*ASA or Ricardo Nunes -
http://www.astrosurf.com/nunes/explor/explor_m10.htm*

https://de.wikipedia.org/wiki/Venus_%28Planet%29#/media/File:Venus-real_color.jpg

gemeinfrei

http://www.wissenschaft.de/archiv/-/journal_content/56/12054/1677411/Titelthema---Wenn-die-Sonne-die-Erde-frisst:-Feurige-Apokalypse/

http://www.weltderphysik.de/gebiet/astro/dunkle-materie/

Zeitreisen:

Quelle: http://grenzwissenschaft-aktuell.blogspot.de/2011/03/zeitmaschine-cern-ermoglicht.html

Weitere Infos:

http://www.spiegel.de/wissenschaft/mensch/teilchenbeschleuni
ger-lhc-us-physiker-spekulieren-ueber-zeitreisen-a-754991.html

http://www.blick.ch/news/schweiz/westschweiz/hilfe-von-cern-
us-forscher-wollen-durch-die-zeit-reisen-id73180.html

http://abenteuer-universum.de/kosmos/grenzen.html

Abb. 31: World Trade Center, Luftaufnahme März 2001, Jeffmock
– Eigenes Werk, CC BY-SA 3.0

https://de.wikipedia.org/wiki/World_Trade_Center#/media/File
:World_Trade_Center,_New_York_City_-
_aerial_view_%28March_2001%29.jpg

Abb. 32: Prinzessin Diana, Diana, Princess of Wales while at
The Leonardo Prize ceremony in 1995

Nick Parfjonov – Eigenes Werk, gemeinfrei

https://de.wikipedia.org/wiki/Diana,_Princess_of_Wales#/medi
a/File:%D0%9C%D0%B5%D0%B6%D0%B4%D1%83%D0%BD%D
0%B0%D1%80%D0%BE%D0%B4%D0%BD%D0%B0%D1%8F_%D
0%9B%D0%B5%D0%BE%D0%BD%D0%B0%D1%80%D0%B4%D0
%BE-
%D0%BF%D1%80%D0%B5%D0%BC%D0%B8%D1%8F_18.jpg

Abb. 33: Das Schwesterschiff Omsk (K-186), gemeinfrei

USN, VP9 - From nfo.dodmedia.osd.mil/. First uploaded to English Wikipedia 12:36, 8 August 2005 by Megapixie.

https://de.wikipedia.org/wiki/K-
141_Kursk#/media/File:Oscar_class_submarine_3.jpg

Abb. 34: Auftreffen des Tsunamis vom 26. Dezember 2004 auf
die Küste Thailands, gemeinfrei

https://de.wikipedia.org/wiki/Tsunami#/media/File:2004-
tsunami.jpg

Abb. 35: Satellitenfoto der Reaktorblöcke 1 bis 4 (von rechts nach links) am 16. März 2011 nach mehreren Explosionen und Bränden

Autor: Digital Globe - Earthquake and Tsunami damage-Dai Ichi Power Plant, Japan

The Fukushima I Nuclear Power Plant after the 2011 Tōhoku earthquake and tsunami (fixed aspect ratio and brightened from original image)

CC BY-SA 3.0

https://de.wikipedia.org/wiki/Nuklearkatastrophe_von_Fukushima#/media/File:Fukushima_I_by_Digital_Globe_B.jpg

https://de.wikipedia.org/wiki/Nuklearkatastrophe_von_Fukushima

http://web.de/magazine/panorama/fukushima-50-arbeiter-opfer-helden-17227158

http://www.zeit.de/wissen/umwelt/2013-07/fukushima-atomkraftwerk-masao-yoshida-nachruf

https://www.youtube.com/watch?v=4GUkReewYJU

http://serbischehexe.npage.de/1993.html

Quellen zu 6.2 in vereinfachter Zuordnung:

Veränderungen im Erdorbit:

https://www.zamg.ac.at/cms/de/klima/informationsportal-klimawandel/klimasystem/antriebe/astronomische-zyklen

Entwicklung einer neuen Energiequelle

http://info.kopp-verlag.de/neue-weltbilder/neue-wissenschaften/andreas-von-r-tyi/schwedische-forscher-neue-energiequelle-entdeckt-.html

Die Polkappen schmelzen

http://www.abendblatt.de/ratgeber/wissen/article119452200/Was-bleibt-wenn-die-Polkappen-schmelzen.html

1. Vorhersage für 2046 (nur in deutschen Quellen)

http://deutsche-wirtschafts-nachrichten.de/2013/12/28/wissenschaftler-zuechten-kuenstliche-herzen-und-lungen/

http://www.zeit.de/2015/33/biotechnologie-organe-zuechten-tissue-engineering

2. Vorhersage von 2088 – 2097 nur in einer Quelle:

Eine neue Krankheit bricht aus, wird aber besiegt

Quelle und Details:

http://psylex.de/stoerung/ptbs/folgen/alterung-sterblichkeit.html

3. Vorhersage für das Jahr 2100 (in allen Quellen erwähnt)

http://www.aachener-zeitung.de/lokales/juelich/groesste-kuenstliche-sonne-entsteht-in-juelich-1.1055140

4. Vorhersage für das Jahr 2011 bis 2025 (unterschiedliche Erwähnung)

http://www.focus.de/wissen/mensch/fusion-von-mensch-und-maschine-wissenschaftler-aus-israel-gottaehnliche-cyborgs-sind-die-zukunft-der-menschheit_id_4706519.html

5. Vorhersage für das Jahr 2130 (in allen Quellen erwähnt)

Besiedlung des Meeres

http://www.welt.de/wissenschaft/article109653265/Der-Staedtebau-der-Zukunft-liegt-auf-dem-Meer.html

6. Vorhersage für 2201 bis 2256 (unterschiedlich oft genannt)

http://www.wissenschaft.de/archiv/-/journal_content/56/12054/1677411/Titelthema---Wenn-die-Sonne-die-Erde-frisst:-Feurige-Apokalypse/

Energiegewinnung aus Dunkler Materie

http://www.weltderphysik.de/gebiet/astro/dunkle-materie/

Zeitreisen und Kontakt mit Außerirdischen

Quelle: http://grenzwissenschaft-aktuell.blogspot.de/2011/03/zeitmaschine-cern-ermoglicht.html

Weitere Infos:

http://www.spiegel.de/wissenschaft/mensch/teilchenbeschleuniger-lhc-us-physiker-spekulieren-ueber-zeitreisen-a-754991.html

http://www.blick.ch/news/schweiz/westschweiz/hilfe-von-cern-us-forscher-wollen-durch-die-zeit-reisen-id73180.html

Ende der Welt

http://abenteuer-universum.de/kosmos/grenzen.html

TEIL 7: Skeptische Stimmen

http://fm4.orf.at/stories/1765426/)

http://www.nytimes.com/1995/04/05/world/rupite-journal-for-a-revered-mystic-a-shrine-now-of-her-own.html

Erwähnenswerte Quellen zur vertiefenden Lektüre:

http://survincity.com/2012/05/vanga-visible-world-and-the-invisible/

http://anomalien.com/2015/07/baba-vanga-bulgarian-prophet/

http://zukunftswochen.de/baba-vanga-die-prophezeiungen-der-groessten-seherin-unserer-zeit/

http://www.pravdareport.com/science/mysteries/12-08-2009/108800-vanga-0/

Daniela Mattes

Daniela Mattes, geb. 1970, Diplom-Verwaltungswirtin (FH) hat ihre schriftstellerische Laufbahn 2005 mit einem Kinderbuch begonnen.

Seither ist sie jedoch in jedem Genre vertreten und hat in verschiedenen Verlagen Kinderbücher, Fantasybücher, historische Romane, esoterische Bücher und Wahrsagekarten veröffentlicht.

Mit zwei Autorenkolleginnen hat sie lange Zeit die Kolumne „Federlesen" geschrieben, die zunächst in der Tageszeitung, dann als Printausgabe veröffentlicht wurde.

Für den Ancient Mail Verlag hat sie bereits einige Bücher ins Deutsche übersetzt.

Daniela Mattes beschäftigt sich seit dem 14. Lebensjahr mit Astrologie und hat einen Abschluss in Astrologischer Psychologie (SGD). Außerdem interessiert sie sich für Wahrsagen und Steinheilkunde sowie alte Kulturen und ungelöste Rätsel.

Mehr Informationen zu ihrer Person sind auf ihrer Webseite ersichtlich: www.daniela-mattes.de / www.daniela-mattes.com

Oder auf der Seite des Ancient Mail Verlages:

https://www.ancientmail.de/autoren/daniela-mattes/

Weitere Bücher der Autorin:

Der Fall Lizzie Borden. Amerikas berühmtester Mordfall des 19. Jahrhunderts

Paperback

384 Seiten

ISBN-13: 978-3-7407-3443-5

Verlag: TWENTYSIX

Erscheinungsdatum: 21.11.2017

Der Fall von Lizzie Borden ist einer der berühmtesten Doppelmorde in der amerikanischen Geschichte, der die Amerikaner auch heute noch beschäftigt.

Am 4. August 1892 werden der schwerreiche Fabrikant Andrew Borden sowie seine zweite Frau Abby Borden mit mehreren Axthieben bestialisch ermordet. Außer der jüngsten Tochter Lizzie und der Dienstmagd Bridget war zum Tatzeitpunkt niemand im Haus. Doch angeblich hat keine der beiden etwas gesehen oder gehört. Lizzie Borden wird schließlich der Prozess gemacht, doch sie wird aus Mangel an Beweisen freigesprochen. Zu Recht?

War sie es? Hat sie den perfekten Mord begangen? Oder war sie es nicht? Aber wer war es dann? Viele Verdächtige, zwielichtige Zeugen, schlampige Polizeiarbeit und die Missachtung üblicher juristischer Verfahrensweisen geben dem Fall zusätzlich einen seltsamen Anstrich.

Was ist damals in Fall River, Massachusetts wirklich geschehen? Das Buch versucht, den Fall umfassend darzustellen und Lösungen dafür anzubieten, was sich damals zugetragen hat. Folgen Sie der Autorin auf der faszinierenden Spurensuche eines der berühmtesten Fälle der Kriminalgeschichte.

"Lizzie Borden took an axe,
And gave her mother forty whacks,
When she saw what she had done,
She gave her father forty-one."

BUCH DES MONATS MAI 2018 (gewählt von den Lesern von „Ihr Buchwerber").

Trailer dazu auf Youtube:
https://www.youtube.com/watch?v=gnMWH-uV1fA

Mythos: Feen und Elfen - Gibt es sie wirklich?
Eine literarische Suche nach dem Ursprung der Sagengestalten
in den alten Überlieferungen aus dem keltischen Raum

Paperback
160 Seiten
ISBN-13: 978-3-7407-4357-4
Verlag: TWENTYSIX
Erscheinungsdatum: 08.01.2018

Wir alle kennen Geschichten über Feen und Elfen. Alles nur wunderschöne Märchen - oder doch nicht? Auf der Suche in alten Sagen, Märchen und Überlieferungen lässt sich eine Vielzahl interessanter Anhaltspunkte dafür finden, dass es diese Wesen tatsächlich gibt oder gegeben hat. Doch was sind sie eigentlich? ...

Buch des Monats April 2018 (gewählt von den Lesern von „Ihr Buchwerber").

Trailer dazu auf Youtube:
https://www.youtube.com/watch?v=bBkIHeFzW_8

Katharina – Mord unterm Baldenberg

Roman, überarbeitete und erweiterte Neuauflage,
ISBN 978-3-95652-222-2, DIN A5, Paperback,
196 Seiten, Ancient Mail Verlag

1680 – Krieg und Armut herrscht. Katharina erblickt das Licht eines düsteren und grausamen Zeitalters. Zwei Jahre nach ihrer Geburt stirbt ihre Mutter. Zusammen mit ihrem Vater begibt sie sich auf die Suche nach Arbeit. In Spaichingen finden sie beim Rees-Bauer Unterkunft und eine Anstellung als Knecht und Magd. Eine harte Zeit voller Sorgen, Hunger und Entbehrungen, die Katharinas Vater nicht überlebt.

Die Bäuerin nimmt sie unter ihre Fittiche. Katharina wächst heran und träumt von einem besseren Leben. Von einem Dasein mit einem liebevollen Mann, Haus und Kindern.

Jakob, ein Hallodri aus Stuttgart, der sich mit seinem Vater überworfen hat, kreuzt ihren Weg. Er macht ihr den Hof, verspricht Liebe und Heirat ... und sie gibt sich ihm hin. Sie wird schwanger und er verschwindet bei Nacht und Nebel.

Allein steht sie vor einer ungewissen Zukunft. Ängste und Kummer nagen in ihr, sie will das ungewollte Kind nicht. In der Zwiesprache mit der Muttergottes sucht sie ihr Heil ...

Doch alles Bitten ist vergebens, sie gebiert ein Mädchen ... und versenkt es in einer Jauchegrube ...

Katharina Fischer von Trossingen ist wegen Kindstötung am 13.7.1696 im Espan enthauptet worden; sie gab sich dabei glücklich, fromm und tapfer. (aus dem Familienregister Spaichingen)

Eine ergreifende Geschichte eines jungen Mädchens, verfasst nach wahren Begebenheiten.

Aufbruch in die Neue Welt

- 1848 - Vom Heuberg nach Amerika

Ein beinahe wahrer Bericht über die
Auswanderung vom Heuberg 1848
(nach historischen Berichten in Romanform geschrieben)

Überarbeitete und erweiterte Neuauflage,
ISBN 978-3-95652-220-8, DIN A5, Paperback,
116 Seiten, 16 s/w-Abbildungen
Ancient Mail Verlag

Auswandern - auch heute wieder ein Thema - war vor knapp 160 Jahren kein romantisches Abenteuer, sondern konnte leicht in lebensbedrohliche Situationen führen. Schon der Weg stellte ein großes Risiko dar. Manches Mal erreichte nur ein Bruchteil der ursprünglichen Schiffsbesatzung ihr Ziel.

In ihrem Buch begleitet Daniela Mattes einige Menschen auf ihrer Reise über den Atlantik und berichtet in mehreren kurzen Episoden von ihren Erlebnissen an Bord eines Segelschiffes, das direkt von Hamburg aus New York ansteuerte.

Reisen Sie mit: Vom Heuberg nach Amerika!

Der Zeitpionier

Roman

Neuauflage, ISBN 978-3-95652-221-5, DIN A5, Paperback,
128 Seiten, 18 s/w-Abbildungen, Ancient Mail Verlag

Als Joachim mit seinem Kaninchen zum Tierarzt geht, hat er nur einen Gedanken: Hoffentlich macht Frau Doktor Schwarz meinen kleinen Hasen wieder gesund. Damit, dass er, kaum in der Praxis angekommen, urplötzlich im Wilden Westen des Jahres 1846 landet, hat er sicher nicht gerechnet.

Wie ist er hierher gekommen und wie kann er wieder zurückgelangen? Er findet kaum Zeit, sich darüber Gedanken zu machen, denn jetzt geht es erst mal darum, in der ungewohnten und gefährlichen Umgebung zurechtzukommen. Gar nicht so einfach für einen Zwölfjährigen, der mit seiner seltsamen Kleidung den Argwohn der Menschen weckt.

Ein nettes Ehepaar nimmt sich seiner an und er begleitet sie auf ihrer Reise nach Oregon. Hautnah erlebt er die Strapazen der ersten Siedler auf dem Oregon-Trail und lernt viel vom Trapper Grizzly-Bob, der die kleine Wagenkolonne anführt. Außerdem findet er auch Freunde, was ihn die Gefahren leichter ertragen lässt.

Was der Joachim nicht weiß: Auch die Tierärztin ist durch die Zeit gereist und auf einer Farm gelandet, wo sie für einiges Aufsehen sorgt. Die Ärztin muss zwar nicht die 3.000 Kilometer bis Oregon reisen, hat jedoch mit den Tücken des Alltags auf der Farm zu kämpfen und bringt die Bewohner mit ihren modernen Ideen ganz schön durcheinander.